榜样 | **影响时代的力量**

每一个时代，都有激励我们奋进的力量，都有值得我们追随的人。这种力量，像是漠漠荒野中一条坚实的路径；这些人，好像茫茫大海中一道不变的航标。

王志艳⊙编著

告诉你一个
毕加索 的故事

U0740984

天津出版传媒集团

天津人民出版社

图书在版编目(CIP)数据

告诉你一个毕加索的故事 / 王志艳编著 . -- 天津:
天津人民出版社,2013.1(2018.10 重印)
(巅峰阅读文库 . 榜样:影响时代的力量)
ISBN 978-7-201-07840-3

Ⅰ.①告… Ⅱ.①王… Ⅲ.①毕加索,
P.R.(1881～1973)—生平事迹—通俗读物Ⅳ.
① K835.515.72-49

中国版本图书馆 CIP 数据核字 (2012) 第 303246 号

告诉你一个毕加索的故事
GAOSU NI YIGE BIJIASUO DE GUSHI

出　　版	天津人民出版社
出 版 人	黄　沛
地　　址	天津市和平区西康路 35 号康岳大厦
邮政编码	300051
邮购电话	(022)23332469
网　　址	http://www.tjrmcbs.com
电子信箱	tjrmcbs@126.com

责任编辑	李　荣
装帧设计	映象视觉

制版印刷	永清县晔盛亚胶印有限公司
经　　销	新华书店
开　　本	690×960 毫米　1/16
印　　张	10
字　　数	100 千字
版次印次	2013 年 1 月第 1 版　2018 年 10 月第 3 次印刷
定　　价	29.80 元

前 言

历史发展的每一个阶段，都有值得我们追随、激励我们奋进的榜样。他们或以其深邃的思想推动了世界文明的进步，或以其叱咤风云的政治生涯影响了历史的进程，或以其在自然科学领域中的巨大成就造福于人类⋯⋯

因为有了他们，历史的车轮才会不断前行；因为有了他们，历史的内容才会愈加精彩。他们已经成为历史长河的坐标，引领着我们走向更加深邃的精神世界和更加精彩的物质世界。今天，当我们站在一个新的纪元回眸过去的时候，我们不能不提起他们的名字，因为是他们改变了世界，改变了人类社会的发展格局。了解他们的生平、经历、思想、智慧以及他们的人格魅力，也必然会对我们的人生产生重大的影响。

为了能够了解并记住这些为人类历史发展作出过巨大贡献的人物，经过长时间的遴选，我们精选出60位最具时代性、最具影响力、最具代表性的人物，编写成这套《榜样：影响时代的力量》丛书，期望通过这套青少年乐于、易于接受的传记体裁的丛书，对青少年读者的成长产生潜移默化的影响，使他们能够从中汲取有益的精神元素，立志成才，为祖国、为人类作出自己的贡献。

本套丛书写作角度新颖，它不是简单地堆砌有关名人的材料，而是精选了他们人生中富有代表性的事件和故事，以点带面，从而折射出他们充满传奇的人生经历和各具特点的鲜明个性。通过阅读本套丛书，我们不仅要了解他们的生活经历，更要了解他们的奋斗历程，以及学习他们在面对困难、失败和挫折时所表现出来的杰出品质。

　　此外，书中还穿插了许多与这些著名人物相关的小知识、小故事等。这些内容语言简洁，可读性强，既能开阔青少年的阅读视野，又可作为青少年读者学习中的课外积累和写作素材。

　　我们相信，这是一套能令青少年读者喜爱的传记丛书。通过阅读本套丛书，我们也能够真切地了解到这些伟大人物对一个、乃至几个时代所产生的重大影响。

　　现在，就让我们一起翻开这些杰出人士的人生故事，走进他们生活的时代，洞悉他们的内心世界，与这些先贤们"促膝谈心"，让他们帮助我们洞察人生，鼓舞我们磨炼心志，激励我们永远奋进，走向成功！

导　言

巴勃罗·鲁伊斯·毕加索（1881—1973），西班牙著名画家，20世纪最有创造性和影响最为深远的艺术家，现代派绘画的主要代表人物，一生共创作油画1800余幅，素描7万多件，此外还有诸多版画、雕塑和陶器、舞台服装等作品。其作品对现代西方艺术产生了极大的影响，在世界美术史上也享有极高的声誉，被世人拥立为20世纪的巅峰艺术家。

毕加索自幼就对绘画有着浓厚的兴趣，并具有极高的绘画天赋。在父亲的精心培养下，当别的孩子还在玩玻璃球时，他就已经能够画出可以放到博物馆展出的绘画了。

此后，经过不断的探索，毕加索的画技日益精湛。虽然也经历过无数次的打击和挫折，但他从未放弃对绘画的追求。他一生画风多变，不断地创造，又不断地否定。在绘画过程上，他不断摸索，不断变幻，画法不拘一格，从蓝色时期、玫瑰时期一直到立体主义时期、古典主义时期、超现实主义时期。毕加索的才华不仅仅体现在他的善于创造，还体现在他始终能够保持自己粗犷刚劲的个性，并将其贯穿到各种画风之中，而且在各种艺术手法的使用过程中，都能达到内外的和谐与统一。

在艺术上，毕加索是个探求者，也是个创造者，他一生中都没有特定的老师，也没有特定的学生，但他最终建立了属于自己的艺术王国，创作出了《格尔尼卡》《亚威农少女》《生命》等多幅传世名作，在艺术史上占据了不朽的地位。

与此同时，毕加索还是一位和平的使者，他反对战争，倡导和平，并为世界和平做出了巨大的贡献。

本书从毕加索的儿时生活开始写起，一直写到他所创造出的伟大作品以及为世界艺术所做出的巨大贡献，再现了毕加索具有传奇色彩的一生，旨在让广大青少年朋友了解这位世界级艺术家不平凡的人生历程，并体会他追求理想执著不懈的精神。

1881—1973

告诉你一个毕加索的故事 / 目录

contents

Pablo Picasso

Contents

目　录

1881——1973

第一章 无忧的童年

每个孩子都是艺术家，问题在于长大之后能否继续保持艺术家的灵性。

——毕加索

（一）

马拉加位于西班牙的南部，是一个古老而美丽的小城市。这里世代居住着西班牙人、腓尼基人、迦太基人和罗马人、阿拉伯人等。

1881年10月25日的深夜，在马拉加梅尔塞德广场旁边的一所房子中，一位年轻的产妇正因难产的阵痛而一声高于一声地喊叫着，经历着她一生当中最为惨烈的痛苦。而她的家人除了紧张地守在屋外焦急地等待之外，一点儿办法也没有。

23时15分，已经被折腾得筋疲力尽的产妇终于生下了一个男孩。可是，这个孩子却没有以嘹亮的哭声来报答他的母亲为他付出的痛苦代价，而是悄无声息、脸色铁青、一动不动地躺在那儿。

心急火燎的接生婆看了看，凭着她少得可怜的经验，便认为这个婴儿是个死胎，搁在一旁不管了，然后便忙着和周围一群惊慌失措的家人一起照顾已面无血色的产妇。

这时，婴儿的叔叔——一位在马拉加很有名气、经验丰富的医生，一声不响地凑到婴儿的身边仔细地观察了一会儿。接着，他点燃了一只雪茄，足足地吸了一口，然后对准婴儿的鼻孔猛地吹了进去……

奇迹出现了——那婴儿一脸怪相，像公牛一样怒吼起来，声音回荡在夜深人静的马拉加。

这个孩子，就是巴勃罗·鲁伊斯·毕加索。

这一出人意料的奇怪举动，将一个天才从死神的门口拉了回来。这位医生为此而无比自豪，这也是他从医生涯当中最为骄傲的一个壮举，他将这个孩子当成是自己的天才之作。

后来，这位叔叔对毕加索疼爱有加。毕加索后来回忆说：

"他后来还经常把嘴里吐出的烟吹到我的脸上，我就生气地哭，他还哈哈大笑。"

虽然现在已经找不到毕加索出生的具体时间的证明，但今天的人们还是宁愿相信他是在23点一刻出生的。因为在西班牙人的星相观念中，那是月亮和太阳都距地球最近的时刻，一些行星和主要的星辰都共同绽放出灿烂的光芒，所以那是一个天才诞生的神奇时刻。

也许毕加索的整个神奇而辉煌的人生真的就在那个星河璀璨的时刻被规定了。正如河马总是赞美他的英雄生在良辰吉时一样，毕加索对自己的神秘降生也总是念念不忘。

不过可惜的是，毕加索的父亲唐·霍塞·鲁伊斯当时并不在场，没能经历这个令人激动的场面。

霍塞是一位画家，在城里的艺术学校担任教师，并且是地方博物馆的馆长。在博物馆中，他的工作包括修补一些毁损了的图画，他那精巧的艺匠手法也十分适合这份差事。此外，他自己还会画一些画。

霍塞在家中排行老九。他一心想成为一名出色的画家，因而两耳不闻窗外事，被称为"不中用的人"。在他未结婚之前，抚养家中老小的重担都落在他的四哥巴勃罗一个人的肩上。

巴勃罗是马拉加大教堂的一位牧师，忠厚、慷慨，是家族中唯一一个同意霍塞画画的人。霍塞也正是因为有了四哥的资助，才得以成为马拉加一位颇为不错的画家。

霍塞在小有名气之后，他的姐姐就开始为他物色对象，并给他介绍了一个姑娘。他见了那个姑娘后，说很中意，但却并不想结婚。家人都很替他着急，骂他是个怪物，可他始终都是不急不忙。

等大家都急够了，霍塞却突然宣布要结婚，但结婚对象却不是"中意"的那位姑娘，而是那位姑娘的表妹玛丽亚·洛佩斯——她当初本来是陪表姐去相亲的，没想到霍塞反而看中了她。

可事情很不巧，他们没来得及结婚，巴勃罗就病逝了。这件事给霍塞造成了很人的打击，以至于他将婚期推迟了两年。

因此，当1881年毕加索出世后，霍塞怀着一种感激和补偿的心情，为孩子取名为巴勃罗。

（二）

毕加索出生15天后，霍塞一家在圣地亚哥教堂为他举行了洗礼和命名仪式。当时取的名字还不是现在的名字，而是很长的一大串，巴勃罗·毕加索是这一长串中的一部分。

在马拉加的习俗当中，给孩子取的名字都是越长越好。似乎名字越长，孩子未来的天赋就越多。开始，大家都管毕加索叫巴勃罗。十几年后，当他开始用毕加索这个名字在作品上署名时，人们才开始这样称呼他。

毕加索的出生让一家人十分高兴，尤其是外祖母一家。为了照顾这个宝贝孩子，外祖母和毕加索两个未出嫁的姨妈都搬到霍塞家中居住。所以，毕加索一生下来就陷入了女人的包围当中，身边围绕着母亲、外祖母、两个姨妈以及一个女仆。

1884年时，霍塞的家中又添了一位新人——毕加索的妹妹出生了。家里一下子添了这么多人，使得霍塞在美术学校的工资，再加上两个姨妹做些针线活赚的钱，难以维持一家人的生活。无奈之下，他只好向他的弟弟，也就是用雪茄烟救了小毕加索一条小命的唐·萨尔瓦求助。

这个时候，萨尔瓦已经是马拉加港卫生局的局长了。在弟弟的帮助下，霍塞还兼任了马拉加市美术馆的馆长。这样一来，不仅家里的日子宽松了许多，霍塞还能在美术馆里开辟一个不受干扰的画室。

从刚刚学会走路开始，毕加索就经常被父亲带到美术馆里玩。这里，也成为他接受美术熏陶的第一个课堂。

霍塞在生活上的困难，许多人都能够看到，但他的另外一种困境，也许只有一位艺术家才能够了解。

霍塞是一名画家，需要能够全身心地作画，而现在他对自己这方面的天赋逐渐失去了信心。可能他发觉这种自信从一开始就是虚假的，也可能是他在现实面前发觉以前那些存在于内心的某些东西已经被压碎——一个艺术家的灵感已经被女人、孩子、日常琐事榨干了。

不管是什么原因，其导致的结果都是一样的。此后，他的儿子毕加索在为他画的肖像中，通常都是一个男人疲倦地将头靠在手上，带着一种深深的失望和烦闷的表情，对生命的品味已经完全消失殆尽了。

不过，对于小孩子来说，日子还是十分快乐的。此时的小毕加索还不懂得生活的不易，而过度拥挤、稍显肮脏的小房舍对他来说也是非常热闹有趣的。

毕加索并不经常看到父亲，因为父亲每天要定时去教课，还要去博物馆上班，或者去拜访老朋友，有时还会去看一场斗牛比赛。在毕加索不太顽皮的时候，父亲也会愉快地带着他一起去。

这位支撑全家的男人，其生活来源就是一支画笔。霍塞虽然从来不在家中作画，但他却经常将画笔带回家清洗。每次，小毕加索都会怀着一种敬畏的心情看着这些画笔。不久，这种敬畏就转变成为一种雄心壮志，让他一辈子都不曾怀疑过绘画的崇高地位。

（三）

小毕加索继承了母亲的外貌和性情，而父亲对绘画的热爱更是融入了他的血液。他在学说话时，所说的第一句话就是"毕斯，毕斯"，意思是要一支"Lapix（铅笔）"。只要有一支铅笔和一张纸，他就能一个人老老实实地坐上几个钟头，不哭也不闹。他在纸上画了许多个螺形的图案，并对母亲说，这是一种名叫"托鲁埃拉"的甜饼。

毕加索还有一件喜欢的事，就是和伙伴们一同到梅尔塞德的广场上去玩。那里不仅有很多鸽子，还有大片大片的沙坑，毕加索喜欢用树枝和手指在上面尽情地挥舞。每次，他的周围都会聚来不少人，他们已经称他为"小画家"了。

毕加索不像其他孩子一样在学步车里学习走路，而是推着奥力贝特牌饼干箱离开摇篮的。但他并不是为了吃，而是喜欢饼干箱上雕刻的简单的几何形体。

父亲霍塞也经常带毕加索到他工作的美术馆去。霍塞的画基本都沿袭了欧洲学院派的风格，虽然功底尚厚，但却循规蹈矩，缺乏想象力。他留给毕加索最深的印象，就是他的画中经常会出现鸽子。甚至在几十年后，毕加索还记得"一幅描绘鸽子的大型油画，鸽笼的栖木上挤满鸽子……有千万只鸽子，我以为马尔赛德广场的鸽子都飞到了父亲的画布上"。

后来，毕加索的秘书沙巴特在马拉加找到了这幅作品，但整个画面只有九只鸽子。这说明小毕加索是多么喜欢鸽子，这种鸟儿也伴随着毕加索的成长、成熟和成名，成为他的画品与人格的象征。

毕加索并不是个爱闯祸的孩子，他好动，不喜欢总呆在一个地方；但又很好静，不喜欢人多的地方。有时，他会在梅尔塞德广场和鸽子一起戏耍，有时就呆呆地注视着民族英雄多利约斯将军的纪念雕像。

更多的时候，毕加索会到海滨玩耍，平原与大海相接的优美曲线让他沉醉，而地中海彼岸隐约可见的阿特拉斯山顶的积雪，闪烁着白色的神秘的诱惑，更使他如梦如幻。从小，毕加索就热爱人海。而他对人生和艺术的理解，也是在海边开始的。

在西班牙，斗牛是很盛行的。毕加索在很小的时候就跟随父亲去看斗牛。他好像天生也很喜欢斗牛，只要父亲稍加点拨，他就能领略到其中的妙处。

8岁那年，毕加索自己动手画了一幅画，这也是他所画的第一幅油画，名字就是《马背上的斗牛士》。清晰明快的画面让人根本想不到，这幅画出自一个毛孩子的手中。

第二年，毕加索又画了一幅斗牛场图，在斗牛场上还飞舞着几只鸽子。这幅画线条协调，笔法老到。霍塞看了，连连称赞儿子"临摹"得不错。因为他当时根本就没有想到，这幅画完全是小毕加索自己创作的，根本不是临摹了哪位大师的作品。毕加索后来回忆说：

"这确实不是一幅儿童画。奇怪，我从来就没画过一幅儿童画。"

渐渐地，父亲霍塞也发现了小毕加索的天赋，于是也开始教他一些基础的绘画知识。每一次，小毕加索都会认真地模仿父亲作画的姿势，学习拿笔的姿势、线条的虚实、绘画的透视原理和明暗等等。

在父亲的严格教导和自己的刻苦努力下，小毕加索的画技提升得很快，而且他还迷上了剪纸。有时候，他就拿着一把小剪刀，上下飞舞一番，一个个惟妙惟肖的小动物、活泼可爱的人物，就会从他灵巧的小手下流淌出来。看到这个场面的人，都连连夸他"真是个小神童"。在马拉加，毕加索俨然已经成为一个小有声望的人了。

→　　　　毕加索对冒充他作品的假画从来都不在乎，也不追究，最多只把伪造的签名涂掉。"我为什么要小题大作呢？"毕加索说，"作假画的人不是穷画家就是老朋友。我是西班牙人，不能为难老朋友。而且那些鉴定真迹的专家也要吃饭的。那些假画能让许多人有饭吃，我也没有吃什么亏。"

第二章 少年天才

> 艺术并不是真理,艺术是谎言。然而这种谎言能够教育我们
> 去认识真理。
>
> ——毕加索

(一)

一转眼,小毕加索就到了该上学的年龄了,父亲将他送到马拉加最好的学校。大家都觉得,毕加索这么聪明,一定可以成为一个品学兼优的好学生。

然而,小毕加索的表现并不好。他对上学有着一种很严重的抵触情绪。每当上课的时候,他总是想着画画的事,老师讲什么,他一点都听不进去。

他的作业本上,写的也不是数学、语文作业,全都是画的画。就连课本的空白处,他都要画上自己的"杰作"。

即使是在一所不太严格的学校,一个学生如果每天都坐在教室里不看书本,也不听老师讲课,而是自顾自地画着野牛或者自己带来的鸽子,甚至自行站起来凝望窗外,势必要受到老师的斥责,甚至可能遭到一顿打。

同样,小毕加索也不例外。在学校里,他的各种举动经常被老师训斥,甚至常常遭禁闭。这反倒让他很开心,因为这样他就可以安安静静地坐在小凳子上,拿出小本子画个痛快。与其说这种禁闭是种惩罚,倒不如

说是一种"享受"。

毕加索尝到了甜头，有时就故意惹点是非出来，让老师惩罚他。对毕加索来说，教室就像是牢房一样，书本上的字和老师讲的话让他不知所措。为了能够逃学，他想出各种各样的办法，有时还会装病。

对于儿子在学校里的表现，霍塞也伤透了脑筋。无奈之下，他只好多花钱，将儿子送到一所更严格的学校当中。

这所学校也是全市最好的学校，校长是霍塞的朋友，所以也特别关注毕加索。但只要坐到座位上，毕加索的整个精神就要崩溃了。他只好痛苦地看着时钟的指针，嘴里还念叨着：

"到一点钟，到一点钟。"

毕加索对数字的理解能力还很差，对时间也是如此。他认为，既然"一"是数字中的第一个，那么也一定是离现在最近的时刻。

渐渐地，父母也认识到他学习问题的严重性，只好将他带回家，请家庭教师来教他，但同样无济于事。成年后，毕加索甚至都回想不起来自己是如何学会读和写的。

后来，父亲也逐渐容忍了毕加索在学习上的不良表现，相反，开始在画画方面对他严格要求。

以一位美术教师和画家的眼力，霍塞感到儿子在画画方面有着特殊的天赋。作为一名一生都从事教育工作的教师，霍塞知道，对于天赋极高的人，一些陈旧的规则是不适用的。如果不能够因材施教，就可能会埋没人才。因此，霍塞对毕加索的课业也不再过高要求，但对他的绘画要求却很严格。

有些孩子在幼年时画的画看起来具有较高的天分，但到了七八岁以后，这种天分就逐渐消失了。而毕加索却不是这样。开始画画时，他的画也带有几分孩子气，但却不断向成熟的方向发展。他的这种天分没有被过于早熟的技巧所扼杀，因此也能够得以保留下来，在他的青春期后再度复活，并且一直伴随他度过一生。

晚年时期的毕加索，一部分作品完全是用一个孩子的手法表现出来的，那新鲜的、纯个人的孩童天分一直都没有消失。在那么多年以后，依然经由那只具有最高超技巧的手而再度展现出来。

（二）

在马拉加的那段生活，对小毕加索来说，一定是永恒难忘的：挤满了人的小房舍、无法逃学的学校、在父亲的教导下不断绘画……以及近在咫尺的海洋和吹拂一切的温暖空气，构成了毕加索童年生活的主要要素。在这个地中海岸边的城市，毕加索所真正感受到的世界，就是他怀念的对象，也是他唯一感到自在的地方。他一生中最喜爱太阳、海洋，并乐于有一大群人陪伴着他。

然而，1891年，毕加索10岁的时候，他的规律、自然的生活却被迫要作一个了结了。

1887年，毕加索的第二个妹妹出生了，这让小房舍显得更加拥挤不堪，父亲和以前相比更加消沉了。

而就在此时，市政府要将博物馆关闭。这样一来，本来就没什么金钱盈余的一家人，更加感到无助了。

不久之后，情绪低落的霍塞在卡洛纳地方谋得了一份教师的职业，是在一个公立的艺术学院担任素描和装饰老师。

卡洛纳位于加利西亚位于西班牙西北角的一个小半岛上，三面环水，同马拉加成对角线。

这个小城市虽然可以称得上是风景如画，但霍塞却不喜欢这里。因为他们在这里举目无亲，连一个熟悉的朋友都没有，更没有斗牛可以看。尤其是这里潮湿多雨的天气，更加令他怀念马拉加明媚的阳光。

可是迫于生活的压力，一家人势必要迁到那里去居住的。而就在这个时候，霍塞发现他的儿子毕加索几乎是目不识丁。

毕加索不识字，不知道"2+2"是多少，老师要他写出四五个数字，他也办不到。一直以来，他在学校里对数字的概念完全是从绘画角度考虑的。比如，他认为，鸽子的眼睛圆得像个"0"；高个子的两只眼睛用"8"表示，矮个子的眼睛则以"7"画成；"7"字中间加上一划，就能用作眉毛和鼻子的线条了等等。

在家乡，毕加索这样的表现是没什么关系的，因为所有的邻居和朋友们都会理解这个孩子。然而到了遥远的加利西亚，身为外乡人，就一定得遵守当地的规矩。而毕加索要想在这里入学的话，就必须得通过入学考试才行，或者起码能交出一张本地的学习合格证书。

可是，毕加索是绝对不可能通过任何一门入学考试的科目的——除了绘画。所以，霍塞只好去找一位能够开具学习合格证书的朋友。

"没问题，不过在形式上还是应该考一考他的。"这位朋友答应帮霍塞的忙。

可在考试时，虽然主考官提出的是一些简单的问题，毕加索仍一个都不会。主考官出了一道这样的数学题：3+1+40+66+38=？，然后温和地告诉他，题目应该怎么写，请他不要紧张。

第一次尝试失败了。第二次，当主考官再提出问题时，毕加索发现主考官已经将问题的答案写在一张纸上了，而且还把那张纸放在了一个很显眼的位置上。

于是，毕加索就把那个数字默记下来，然后回到桌子上把答案写出来，并且还在答案下方得意地画了一条横线。

就这样，毕加索算是取得了他的学习合格证书。

（三）

一家人离开马拉加时，正是一年中的收获季节。而当他们到达卡洛纳时，骇人的秋季暴风已经开始刮起了。

西班牙的北部和东北部的险峭海岸，此时正承受着超越大西洋的三千里劲风的吹袭。狂风还带来了大量的雨水，使加利西亚成为全半岛雨量最为丰富的地带。

即便是不刮风也不下雨的时候，天气也不如马拉加晴朗，而是雾气昭昭，有时雾还会转变成绵绵的细雨，冷冷地滴在花岗岩海岸和花岗岩的房舍上。

在一年之中，晴天的时候很少。太阳稍一出来，温暖的阳光就会加速那些被大浪或狂风送上岸的各种海草的腐烂，从而孕育出成群的苍蝇。

虽然环境不是很好，但小毕加索对这里的一切仍然感到新鲜和惊讶。而更令他惊讶的是，街上的人们还会讲另外一种语言。这让毕加索第一次感到了自己的孤独和困惑——原来自己只不过是个外乡人。

面对完全不同的环境和文化，霍塞一家只好每天缩在住所中，看着外面的雨水敲打着窗户。

随着时间的推移，毕加索对周围的惊惧也渐渐消减，他的眼前也呈现出一个全然不同的世界：一边是海港，一边是沙滩，远处则是沿岸。

与马拉加比起来，这里实在没什么了不起。这座城市中除了海港和斗牛场之外，唯一令人兴奋的东西，就是位于半岛尖端突出处的一座罗马式高塔。这座高约400英尺的灯塔被当地人称为"英雄之塔"。

毕加索经常画那座高塔，当然，他也画一些其他的事物。毕加索早期的画看起来都比较幼稚，主要是一些关于天气的玩笑。比如，在父亲霍塞忙于教学时，就把与马拉加亲人联系的任务交给了毕加索。而毕加索是十分讨厌写信的，所以他就用了一种别开生面的办法，不定期地寄出自己编辑、插图的有关天气及其他事物的画报，可谓是图文并茂。有一张画报上，画着男人女人挤在一块，雨伞和裙子飞舞不止。毕加索在空白处写道：

"狂风骤起，不将卡洛纳刮上云天决不罢休。"

除了天气之外，他也画别的东西，比如在作业本的空白处画上一些罗马人、野蛮人、持着矛的武士、互相刺杀的刺客等等。

有一天，小毕加索在街上看到几个手持刀子的小家伙在打群架，回到家后，他就画了一幅"顽童造反"。

从某种程度上来说，画画就是毕加索记日记的一种方式，而这种方式差不多贯穿了毕加索的一生。

这些孩子气的事情很快就成为了过去，小毕加索也开始走向成熟，开始从事严格而完整的绘画创作。如果父亲霍塞能够更好地训练他的话，这种成熟应该会来得更早一些。但由于远离亲人、朋友以及气候的不习惯、工作中的不顺心等等，霍塞的情绪一直都很低落。

霍塞虽然没有心情做其他的事情，但他的注意力最终还是转向了对儿子进行全面的艺术教育上面。他教毕加索笔墨、炭条、蜡笔和粉笔的各种技法。过了一段时间后，他又让毕加索转移到油画和水彩上，同时还不断对他进行大量精确而专心的素描训练。

霍塞是一个严格奉行规范的人，彻底遵从每一条法则，并且要求学生也绝对服从并要刻苦学习。毕加索很高兴地接受了父亲规定的这一切规范，所画的雕像素描让看到的人都惊叹不已。这不仅仅是因为他掌握了绘画的技巧，更主要的是他将雕像的生命再度展现出来——那种刚刚塑成时存在，而随着时间逐渐消逝的生命。在大多数人看来枯燥至极的练习，对毕加索来说却是一种难以言表的愉悦。

有一天傍晚，天气晴朗，霍塞的情绪很高，他要儿子画一只鸽子给他看，自己则出去到林荫道上散步。他悠闲自在，不时地弯下腰嗅嗅蔓萝茶的芳香，或者弹出几个响指。

不久，霍塞就又站在儿子的画板前了，只见画布上的鸽子惟妙惟肖，就仿佛马尔赛德广场中的一只。他不禁兴奋异常，立即把自己的调色板、画笔和颜料等统统交给了毕加索。从此，他再也没有拿过画笔，而是把所有的期待，对自己的和对儿子的，都一并堆砌在小小的儿子身上。

毕加索当时并没有意识到这一点，他反正是沉浸在画画的快乐之中，天天不是临摹就是素描。他也十分勤奋，妹妹洛拉调侃他说：

"我们家可以开一个'巴勃罗画店'了。"

而父亲却是说到做到，努力实践着自己的诺言。没有模特，他就亲自为毕加索当模特；没有画布，他就想方设法节约开支，为儿子买画布。

对毕加索的一些"出格"的画法，霍塞虽然不赞同，但也没有阻止他，而是任由他大胆地画下去。

作为父亲，霍塞默默地为儿子设计和铺设通往天才的道路。为了儿子，他愿意奉献出自己的一切。

而对毕加索来说，霍塞既是父亲，也是老师，又是独具慧眼的模特。在半个世纪后，毕加索笔下的鸽子作为和平的象征，飞遍了世界各地！

可惜的是，他的父亲却没有能够等到那一天！

第三章 巴塞罗那初露头角

呵！高尚的风度！多可怕的东西！风度乃是创造力的敌人。

——毕加索

（一）

1895年，对于毕加索一家来说，是非同寻常的一年。

首先，毕加索的小妹妹孔瑟达在这一年因为染上了白喉症而不幸夭折。

那是1895年的1月7日，毕加索亲眼看见妹妹在痛苦中咽下了最后一口气，金色的卷发瞬间失去了光泽，那一糅杂着恐惧与依恋的惨白面容深深震撼了他。

在这之前，父亲的老朋友科斯塔尔医生竭尽全力救治妹妹，但妹妹的病情却日渐严重。在圣诞节的那天，孔瑟达也得到了一份礼物，一家人尽量不让她有一种即将离开人世的感觉。

毕加索被家中的气氛弄得心烦意乱，于是，他就与上帝订了一个可笑、可怕、可惊、可叹的契约——如果上帝能够让孔瑟达活下去，他愿意将自己的天赋全部献给上帝，今生与画绝缘。

在那几天，毕加索的心中充满了矛盾。他既渴望妹妹能够活下来，又不想失去自己的天赋和爱好。他不断地权衡着两者的利弊，最后决定，如果两者只能选择一项的话，他还是要妹妹，因为她太可爱了。

妹妹孔瑟达死后，毕加索内疚了好一阵子，因为他认为，正是自己的矛盾心理促使上帝夺走了妹妹的生命。

走出阴沉的屋子，毕加索对着阴郁的天空发出了悲哀而坚定的誓言：

"为了报复命运的冷酷，我必须用尽我的天赋，成为一名画家，从此，我再也没有什么退路了！"

这一年的第二件事，就是霍塞获得了一个与一位巴塞罗那美术学校的教师对调的机会，得以离开这个令他厌烦许久的城市。

这年夏天，毕加索全家一起回马拉加度假。霍塞特意绕道经过首都马德里，为的是让毕加索可以在普拉多博物馆看到委拉斯克茨、左尔巴朗和戈雅的作品。这些大师的作品以其绚丽的色彩、隽永的格调和深刻的思想构成了西班牙艺术的伟大传统。个头不高的毕加索在委拉斯克茨的名画《宫娥》前默默地站立了好久。

在这个时期，毕加索的作品已经成熟了许多。在1892年到1893年之间，他作了几幅试验性的油画。到1893年末，他的技巧也更加娴熟，可以正式地在铺好的画布上尽情挥洒了。

此后，他突然没有经过任何转变过程，便在1894年完成了一幅极其杰出的作品——一个男人的头像。

这幅作品的整个画面都充满了光泽和生机，是毕加索的一幅极佳的西班牙写实风格作品，丝毫没有一点孩子气的迹象。

其后，毕加索又画了更多令人激动的头像画——一些穷苦的老人。这些都是严肃、强烈的西班牙写实主义杰作。画中那些受苦受难的、蠢笨的、绝望的人们被他用画笔实实在在地表现出来，没有丝毫矫饰的成分。

在这众多的作品当中，毕加索自己最满意的是一幅《赤脚的女孩》和一幅《乞丐》。这两幅作品都是他在1895年时完成的。

毕加索的好多作品画的都是生活在社会最底层的穷苦百姓。而作品中的人物，无论生活得多么沉重，都表现出一种坚定和不屈的意志，表现出一种生命的欲望。

毕加索为什么会特别关注这种暗含痛苦感受的题材呢?

据他说,这与他小妹妹的死有关,毕加索十分喜爱这个妹妹。她的死,给这个纯洁未染的少年心灵蒙上了一层阴影。当然,无论如何,像很多艺术家一样,毕加索的这种充满了悲剧感的矛盾心理也是人们解读他的作品的一把钥匙。

毕加索一家人回到马拉加后,受到了亲戚朋友们的热烈欢迎。家乡的空气、家乡的口音和食物,振奋了这些归来游子的心情。而毕加索,这个霍塞家中唯一的男孩,更是受到了格外的关照和爱护。在任何宴会上,他都怡然自得,这可能也是他在马拉加所度过的最为愉快的假期。

在这段时间里,毕加索每天忙着玩耍享乐,连作画的时间都减少了。不过,他还是作了一幅厨房的画。另外,还为他们家的老女仆卡莫画了一幅极其精巧的素描。在画中,她的袖子高高挽起,与往日强拉着小毕加索上学的情景简直一模一样。

很快,一家人的假期就结束了。9月,毕加索跟随父亲乘船沿着西班牙的东海岸行进,前往巴塞罗那。在那里,父亲已经为他安排好了学业。他愈是增长见识,就愈是怀着雄壮的信心和美好的憧憬。他把随身带着的一瓶颜料倒进海里,高声喊道:

"大海,作个纪念吧。"

在旅途中,毕加索也没有放弃作画。在海上奔波了三天后,巴塞罗那出现在他的眼前。

这是一个繁忙的港口,两侧延伸出巨大的城市,刚一踏上码头,毕加索就发现自己又一次被不同的语言所困扰了。

（二）

巴塞罗那和卡洛纳到马拉加的距离差不多一样远，两个城市与马拉加一样，都是繁华热闹的港口城市。但巴塞罗那与那个被岩石环抱、与内地隔绝的潮湿多雨的卡洛纳不同，这里是西班牙最大的商港，工业十分发达。在它的东北300千米的地方，就是法国著名的海港马赛。

巴塞罗那特殊的地理位置，也使它成为一个旅游的胜地。不同国家民族的人都聚集在这里，使它成为一个国际化的都市。因此，这一次行程也让毕加索大开眼界。

当毕加索一家人来到巴塞罗那时，这里正席卷着一股"现代主义"的思潮，到处都弥漫着反叛的情绪和无政府主义的气氛。在咖啡馆、酒吧里，随处都能看到现代主义者以高昂的情绪、激动的声音谈论着社会与艺术、权利与自由。他们好像个个都有着过人的精力，打着挑战性的阔领带，手中挥舞着手杖，高喊着尼采书本中的话语，否定传统的观念，企图打破一切约束和格律。

在报纸上，每天都能看到爆炸、搜捕、严刑拷打和枪决示众的新闻。可以说，独立运动与无政府主义运动在这里正如火如荼地展开着，强烈号召泰隆人独立，声称西班牙政府历来都是西班牙人民的敌人……

当时，毕加索只有14岁，他对这个城市中的开放和热闹感到好奇和新鲜。一家人在旧城区的一个狭小破旧、坑坑洼洼的克里斯提那街租了一所房子安顿下来。

这里离港口不远，距离霍塞就职的那所美术学校也只有几百米。

这所学校设在一幢名叫贸易大楼的最高几层。学校同马拉加的那所相比，虽然规模较大，名声很高，但教学方法和思想却古板陈旧，与这个活跃开放的城市很不相符。而距离他们很近的法国，此时印象主义、后印象主义、象征主义等，早已是风起云涌，而这里却依然迷恋那些古典的法则。

霍塞到这所学校任教后，毕加索也跟随父亲进入这所学校上学。虽然与学校规定的20岁的入学年龄相差很多，但由于父亲的缘故，他还是得以参加了"实物写生"班的插班考试。

毕加索的考试成绩简直优秀得惊人。这项考试规定，学生要在一个月内画两张作业出来，而毕加索说他只用了一天的时间就画完了。

不知道是不是毕加索在有意夸张，或者时间太久记不清了。后来，人们在巴塞罗那美术馆找到了毕加索画的那两张画，上面的时间分别为9月25日和9月30日。但那两张作业的确远远超出了学校规定的标准：

一张试卷上画着一个头发卷曲、皮肤黝黑、肌肉结实、两腿短粗、满脸怒气的裸体形象，以朴实的手法画得非常动人。

另一张画上，则是一个模特披着一条被单。毕加索即兴发挥，将他描绘得像一个身着长袍不可一世的将军。但是，将军的脚却没有画完。这种对细节的忽视，也显示出毕加索对考试的满不在乎。

阅卷人一看到这两幅画，便惊讶不已。所以，毕加索也顺理成章地被这所学校录取了，并且还被分到了高年级的班级中。

为了能让儿子安心画画，霍塞特意将家搬到了梅尔塞街3号的一幢房子中，并在附近为毕加索找了一间画室。这间画室虽然简陋，但却十分安静。毕加索也是第一次有了自己的画室，高兴之余，他更专心刻苦地作画了。

在这间画室中，毕加索创作了大量的作品，如《基督赐福魔鬼》《圣族在埃及》《圣母祭坛》《最后的晚餐》等。而他的《第一次圣餐》还被选送到巴塞罗那美术展参加展览，与当时的一些著名画家的作品同馆展出。但毕加索的作品当时并没有引起足够的重视，他依然还是一个默默无闻的美术学校的学生。

（三）

在父亲为毕加索所找到的这间小画室中，毕加索还完成了他少年时期第一幅最为重要的作品《科学与博爱》（1896年）。这也是他的父亲霍塞给他找的一个当时非常新颖的题目。

在这幅画中，毕加索画了一个虚弱的妇女躺在床上，目光迷茫，一只手无力地垂在床边。一个医生坐在她的右边，左边站着一个修女，一只手抱着孩子，另一只手在给躺着的妇女端水。这幅画所要表明的，就是宗教与科学同等重要的观念。

毕加索的父亲霍塞充当了画中医生的模特。整个画面表现得老到而熟练，或者是因为那只手过于苍白，以致有人嘲讽说那只手不是手，而是手套。

但是，这也没有影响这幅画的成功，这幅画被拿到马德里参加全国展览，得到了审查委员会颁发的荣誉奖状。后来，这幅画又被送到马拉加参加地方展览，还得到了一枚金质奖章。这也是毕加索得到社会认可的第一步。

这幅画也是毕加索对学院传统画法的告别之作。此后，他再也没有画过这一类的作品。

在巴塞罗那最初那段日子所创作的肖像画表明，父亲霍塞是毕加索最为喜爱的创作题材。在接二连三的画作当中，毕加索捕捉到了霍塞很多极其微妙的情绪变化。画面上的霍塞，始终都是一副无精打采的模样，只不过有时更苦恼些，有时则要温和一些。

这时的霍塞，已经将自己的全部精力都用在指导儿子作画上，并且不断地邀请他的朋友来看毕加索的画，毕加索也在这样的环境中又作了几幅主题画。

然而，时间长了，父亲的悉心指导开始让毕加索日益感到拘束。不久，他就设法到更远的地方去画画，以远离父亲的影响和干扰。

这个时候，毕加索对外面的艺术世界发生的变化还不了解，甚至连法国风行一时的印象主义都不甚了解，只是听说过劳特累克、修拉、德加、梵·高等人的一些传闻。他那时只是深感古典主义的苦闷。

毕加索这一时期所了解的新艺术流派，无非也就是英国的拉斐尔前派了。这一流派在巴塞罗那等地风靡一时。从一些艺术杂志上，毕加索看到了比亚莱兹、华特、克雷恩和威廉·莫里斯的素描，这些人的影响在毕加索这个时期的素描里是能够略窥一二的。不过大体来说，这一时期的毕加索还不能算是破除传统的先锋，他还不过是个不断创新、极具天赋的学生而已。

1897年的初夏，在父亲霍塞的安排和努力之下，毕加索第一次在巴塞罗那举办了画展。虽然报纸上已经提前介绍了这次画展，但却并没有引起什么强烈的反响。毕加索还太年轻，不可能受到重视。

虽然画展办得并不成功，但很快，画展受到的冷遇就被毕加索一家愉快的暑假冲淡了。这年的暑假，毕加索一家又回到了马拉加。而毕加索的叔叔萨尔瓦更是为侄子的进步和取得的成就乐不可支，亲自将那张《科学与博爱》挂在家中最显眼的地方，并且提议毕加索应该到马德里的圣费南度皇家学院去深造，因为他的两个朋友卡波奈罗和狄库伦就在那里任教，而且极具影响力。

刚刚随父母返乡的毕加索见到亲人后，也显得十分高兴。后来人们发现，在马拉加的这段时间里，毕加索将绘画丢开了，而是一到傍晚就挽着表妹卡门·布拉斯科的手到海滩、河边散步。他的腋下常常会夹着一根手杖，头上戴着一顶黑帽子，但这也遮掩不住帽檐下那双乌黑的眼珠闪出的亮光。

毕加索与表妹的郎才女貌被人们认定是天生的一对。而毕加索还特意在一个铃鼓上画了一束花送给布拉斯科，因为如此名贵的花他是买不起的，当然也不好意思开口跟家人要钱买。

可是过了几天后，布拉斯科就告诉毕加索说，她不能再和他一起出去了。原来，布拉斯科的母亲嫌毕加索的家里太穷，社会地位也不高，根本配不上她的女儿。

毕加索冷静地与布拉斯科分手了，但他的心里却被烙上了不可磨灭的伤痕。多么短暂而圣洁的初恋呵！在今后的感情当中，毕加索也很少再有这种单纯和爱恋了，更多的则是成人化的感情的依托、寂寞的排遣与情欲的宣泄。

1897年的秋天，毕加索就在叔叔萨尔瓦的帮助下，离开了马拉加，孤身前往首都马德里。

第四章　对画技的摸索与挣扎

只有死后也做不完的事才应该拖到明天。

——毕加索

（一）

到了马德里后，毕加索很快便以优异的成绩考入了西班牙最著名的美术学府——圣费南度皇家美术学院。

带着无限的期望，毕加索兴冲冲地来到圣费南度皇家美术学院上学。但在学院上了几天课之后，他就感到失望了。

圣费南度皇家美术学院虽然是全国一流的美术学府，但在教学方法上仍然墨守成规，被浓厚的"学院风"所主宰着。并且，教授们在课堂上所教授的那些课程，毕加索早已领会和掌握了。

毕加索想在更高层次上提高自己的愿望落空了，他感到十分苦恼。他给在巴塞罗那的朋友巴斯写了一封信，将学院里所有教授他的老师都贬得一文不值：

亲爱的巴斯，这都是一些什么画家啊！我们简直就没有一点绘画的常识！正如我所料想的那样，他们都只会唠叨那一套套的老生常谈，绘画上就是威廉莫里斯，雕刻上就只有米开朗基罗，如此而已。

　　莫里诺和卡波奈罗在教我们画写生的第二天夜里对我说，我画的人物完全合乎比例，也合乎素描的标准，但又说我应该用直线条，那样更好。因为要做的一切就是装箱（但愿不是"装腔"）。他的意思是说，构图就是一个箱子，可以将所画之人装进去。对他们的这些胡说八道，你一定很难相信吧？

　　但有一点倒是真的，就是不管你是否按照他的想法去做，他却是知道得不少，而且画得也不算坏。我告诉你他为什么画得不坏吧，因为他去过巴黎，上过那里的几所美术学院。可是你不要误解，我们西班牙人并不笨，只是我们的教育太差劲了。这就是为什么我以前对你说，如果我有一个想当画家的儿子，我一定不让他在西班牙呆半刻。

　　当然，我也不会把他送到巴黎去（尽管我现在自己很想去），我可能会送他去慕尼黑一类的地方，因为那里的人学画态度严肃，头脑里没有什么彩派之类的观念。我并不是说那样画就一定不好，而我所不喜欢的，是一个画家在某种风格上取得成功之后，其他人就一窝蜂似的跟在他的后面跑。我从来不相信追随某个画派有什么好处，那样只会导致样式主义和画家的虚伪做作。

　　我打算给你寄一张画，请你把它拿到《巴塞罗那画刊》。如果他们愿意买下的话，你一定会哑然失笑，这幅画将是"新艺术"之类的作品，因为那个报纸喜欢这类东西。你会看到，谁也没有画过像我画的那样稀奇古怪的画，其他任何人，画的连我一半都赶不上。

　　这个时期，毕加索对自己的画法也产生了困惑，不知道是按照当时西班牙现实主义画家的传统画法画下去，还是按照自己的创作思路继续探索下去。

　　这种矛盾的心理也反映在他当时所画的两幅画当中。

　　其中的一幅名叫《留着平头的自由像》，画中所画的是毕加索自己，表情迷茫，一双明亮的眼睛当中流露出沉思和茫然。

另一幅名叫《扮着18世纪绅士的自由像》。在这幅画中，毕加索带着白色的假发，显得尊贵、庄严，脸上的表情也带着傲慢。这幅画反映的则是毕加索强烈的自信心。

（二）

因为对学院的教育感到失望，毕加索到学院上课的次数越来越少。他开始到处追踪那些马德里的姑娘；每天不到正午，他都不起床；起床之后，就整天在列提罗公园画速写，观察周围的人和环境。

在经过一番痛苦的思考之后，毕加索最终决定离开学院，向"社会"这个"老师"求教。

打定主意之后，毕加索就把他的"课堂"搬到了普拉多美术馆。在这个曾经来过的地方，他又一次被委拉斯克茨、格列柯、鲁本斯等人的作品吸引住了。他还记得，当时父亲带他来的时候，父亲对每位名画家的画风、技法等都进行了评价；而现在，毕加索已经完全可以独立欣赏和品鉴这些作品了。

"这才是真正的学校。"毕加索一边欣赏，一边自言自语道。

埃尔·格列柯的作品引起了毕加索的特别注意。生活在16—17世纪的格列柯属于威尼斯派，所作的画也多为宗教题材，人物瘦长变形，在一种神秘的气质当中宣扬苦行主义精神。他那通过手势和眼神揭示人物心理的哲人式画法，深深地感染了毕加索。去普拉多复制委拉斯开茨和格列柯的名画，也成了毕加索每天的必修功课。

天气稍稍变暖一些后，毕加索就漫步在马德里喧嚣的街头，手里拿着一个写生本进行写生。很快，他就完成了五本街景的写生，其中两本只用了一个月。

在这段时间内，毕加索几乎走遍了整个马德里，尤其是饥饿与贫困的波希米亚人经常出没的那些暗得可怕的小胡同。他敏锐的目光开始对实物的可塑性进行考察。他发现，同样都是人，富人们总是那么大腹便便，目空一切；而穷人们却只能是枯肠瘦肚，委琐难堪。物体这种可塑的品质，在他后来的第一幅立体主义绘画中也很明显地表达了出来。

不久后，毕加索在马德里不上课而到处闲逛的消息就传到了巴塞罗那和马拉加。他的亲人们以为他不好好学习，都非常生气。萨尔瓦叔叔听说毕加索在学校经常逃学后，更是不高兴。在这位一心只想侄子光宗耀祖的叔叔看来，只有圣费南度皇家美术学院才能使毕加索日后飞黄腾达，而现在毕加索如此自由散漫的行为简直太让他失望了。一气之下，萨瓦尔停止了对毕加索的接济。

毕加索的生活本来就十分拮据，这样一来，就更是雪上加霜了，他甚至穷得连绘画的材料都买不起了。后来，毕加索曾对诗人艾吕雅回忆了这个时候，他说：

"饿肚皮都是小事，几天不能创作，我就像停止了呼吸一样。"

无奈之下，毕加索只好将一张画纸做几张用，密密麻麻地画，重重叠叠地画。有一张后来被人们发现的画纸上涂满了小丑、狗、马和吉卜赛人等。由于画得太密，辨认不清，只能数得出八个签名，前面都是同一日期："12月14日"。

毕加索总是喜欢把日期放在签名之前，有人对此不解，对此他解释说，时间比名字更重要。

（三）

冬天的马德里十分寒冷，毕加索身无分文，贫困交加，但倔强的毕加索还是不肯回到学院上课。第二年的春天，他就病倒了。猩红热使他成了格列柯画中一样的人物。

这种病是可以致命的，但毕加索的生命力却异常顽强。他在床上躺了几个星期，全身脱了一层皮，又长出了一层新的。他蹒跚地走出房间，去参加了6月12日的圣安东尼奥的节庆——因为他不愿意错过这个节庆中一分一秒的快乐。

病差不多康复后，毕加索就登上了回巴塞罗那的长途火车。巴塞罗那的家乡口味、温暖人情和他天生的生命力使他很快就恢复了健康和精神。

毕加索回到家后，父亲对他的态度明显冷漠了，就是那些以前欢迎他的人，现在也都显得怪怪的。唯有母亲相信儿子，她拍着毕加索的肩膀说：

"如果你去当兵了，你就能成为将军；如果你去当僧侣了，你就能成为教皇。"

1946年后，毕加索当着情人弗朗索瓦·吉洛的面，接上了母亲的话茬：

"可是我当了画家，我就成了毕加索。"

母亲的话对毕加索的触动很大。从这以后，他的画上就不再用"鲁伊斯（Ruiz）"署名了，而是用"毕加索（Picasso）"署名。一是因为这个姓很新鲜，二是他和母亲太相像了，他愿意这么更改过来。

父亲霍塞希望毕加索能够继续回到马德里的美术学院去，沿着前人的路走下去，而这时已经16岁的毕加索对绘画有了自己的思考。他觉得自己亦步亦趋地跟在早已功成名就的大师后面，虽然能够多拿几个奖，但却缺乏自己的风格，那不是他想要的东西。毕加索希望，自己能够探索出一条属于自己的路。

父亲对毕加索的表现十分失望。与父亲产生矛盾，让毕加索也感到很难过。为了躲避家人，他经常到街上闲逛。

沉闷的生活让毕加索想到了自己的好朋友曼奴尔·巴斯。1898年6

月，毕加索来到了巴斯的家——阿拉贡边区的荷尔达。

巴斯的家人热情地招待了他，毕加索也第一次领略到农村的风光。很快，毕加索就与和气热情而又沉默寡言的农民们打成了一片。

巴斯的家所在的村庄还有一个美丽的名字——圣·雷恩花园。这里鲜花遍野，绿树成荫，山丘上长满了葡萄藤和橄榄树，石灰石峰峦有如哥特式的建筑，高耸入云。

毕加索很喜欢与这里的农民们一起在一种相互尊重的气氛中干活。在这里，他很少画画，而是学习各种农活，给骡子装车、套牛车以及酿酒、劈柴等等，而且他还学会了做一些简单的饭菜。所有的这一切，都让他乐此不疲。

天气酷热的时候，毕加索就与巴斯，还有一位吉卜赛少年，三人一同到山里的山洞去住。那里环境清幽凉爽，好比是一个天然的画室。他们还筑起了一堵墙，用以避风。

在凉爽的山洞中，他们画牛、羊、驴、马等，根本不管外面热浪滔天。在这段时期，毕加索对作画的把握也更加趋于成熟，其中所画的几幅山羊和绵羊的画像，后来都成为了不起的杰作，因为他真正地掌握了它们的动作和神态。他的笔触也更加肯定，在一些作品中他对质感比过去更加重视。此外，毕加索对明暗的对比表现和物体轮廓的加深也有了较大的兴趣。

一直住了3个月后，毕加索他们才下山。而毕加索更是被好客的巴斯一家人留到了第二年的1月份。这年的冬天，他又研究落叶从枯黄到降落的全部过程。他最喜欢的是山区的太阳，纯净而热烈。毕加索对巴斯说：

"印象派怎么画得出这样的太阳呢？这光线是多么美妙啊！"

（四）

1899年2月，毕加索在完成了一幅《亚拉冈人的习俗》的画作后，便起身从荷尔达回到了巴塞罗那。父母很担心他，怕他住不了几天又跑出去了，只好同意他不再去学院的要求。

恰好在这时，毕加索的同学约瑟夫·卡尔多纳正在学习雕塑，因为钦羡毕加索的才华，就邀请他来共用自己的画室，这也解了毕加索的燃眉之急。

当巴塞罗那的天气逐渐转暖时，毕加索便每天都扎在画稿当中，画了改，改了又画，似乎没有满意的时候。刚刚在乡村度过了一段热情洋溢、充满朝气的生活，现在一下子又回到了尘世，他仿佛有些不适应。

在1898年的12月，巴黎条约声明古巴独立，美国人占领马尼拉，宣告了西班牙帝国的末日。这也是一个在军事上惨败、屈辱的末日，巴塞罗那的大街小巷到处是复员的伤残士兵。他们纷纷沿街乞讨，求人施舍。这让毕加索感到仿佛周围充满了死亡的阴影，那些被遗弃的、形如枯槁的士兵，随时都可能面临着死亡。

因此，这个时期他的作品也被死亡的气息笼罩着，这可以说是毕加索的"黑色时期"。濒死的人、面色惨白的自画像、模糊的面孔、凄凉灰暗的背景，都充斥在他这一时期的作品当中，如《死神的呼喊》《两个极其痛苦的人》《死神之吻》《路易莎的墓前》等等。

可是，连毕加索自己都没有想到，他的美术活动渐渐地已经被纳入了"现代派"的观察范围。

有一天，毕加索正在画室里修改作品。忽然，门开了，一个长头发的青年站在了毕加索的面前，问他是不是叫毕加索。

毕加索惊讶地睁着大眼睛，没有做声。来人也不再询问，而是迅速将视线转到他的画板上，毕加索那件被改得鬼画符般的作品令他弓着腰，足足地看了十多分钟。

这个人就是诗人、画家萨巴泰，毕加索一生当中最为持久、最为忠实的朋友和日后最为可靠的助手。

多年后，毕加索与萨巴泰都回忆起了第一次的会面。

"当我走过他的面前，向他道别时，我向他鞠了一躬，我不禁为他的整个形象所散发出来的光芒而折服。"毕加索说。

"我一看见他就想，德梭那小子没说错，他果真是非凡的。他的眼睛亮得就像两颗星星，你需要过一段时间才能适应；那双手虽然小，但灵巧、好看，动起来的时候好像在说话。他的画里有一种很特别的东西，我说不出，但却深得我心。"萨巴泰说。

萨巴泰是巴塞罗那卡塔卢西亚人，据说是西班牙著名画家米罗的远房表叔。他是一位作家兼诗人，戴着一副像酒瓶底一样厚的高度近视眼镜。现在，他很想学习雕塑，于是就慕名来拜访毕加索。

两个人很快就成了朋友。

不久后，毕加索又发现了另一个适合自己的地方——四猫酒吧。

"四猫"这个名字源于西班牙的一句民间谚语："小猫三四只，不成气候。"酒吧的创始人皮尔·洛莫为酒吧取这个名字有点自嘲的味道，意思是"我们都是一些小人物"。

"四猫酒吧"其实是个文艺沙龙，经常举办一些画展、学术研讨会等，以颇具艺术品位的风格吸引了巴塞罗那众多的文学、艺术界的青年人。

毕加索很快就成了这里的常客，并且很快就融入了这个小团体中。不过，他并不参与到那些人的高谈阔论当中，他对那些人争论的哲学、政治等问题并没有兴趣，只是坐在一旁抱着速写本不停地画画，他喜欢这里这种充满挑战的气氛。

但是，毕加索的画却吸引了其他人。他给这些人都画过像，许多画都被挂在墙上。因此，他也成了这个圈子中的一个重要人物。

在这个小小的酒吧里，标新立异之风和异常活跃的艺术氛围激发了毕加索大胆而自由的想象。也只有在这样一群人中间，他的艺术创造力才能得到响应。尽管此时的毕加索仅仅18岁，但他已经有了一大群的崇拜者，受到年轻人的拥戴，大家都亲热地称他为"本雅明"（意为最小最可爱的儿子）。

1900年，毕加索19岁时，他的朋友们为他在"四猫酒吧"举办了一次画展，展出的都是毕加索的人物素描肖像画。画中的人物多是死亡、悲哀、阴雨和愁苦之人，这也反映了毕加索在那时的苦闷情绪。

同年7月，他们又在酒吧展示了毕加索的第二批作品，这批作品主要是描绘斗牛的场面：骑在马上的斗牛士、受伤的公牛、狂热的观众等。与第一批作品相比，这一批画的风格完全没有了死亡的阴影，而是充满了活力，给人一种奋发向上的鼓舞。

尽管这两次画展并没有卖出去几幅画，但毕加索的作品却赢得了成年人的赞誉，其中的一幅《最后的时刻》还被送到巴黎参展。人们相信，他很快就能成为西班牙最杰出的画家。

不过，家里人却不赞成毕加索混在"四猫酒吧"，认为那里的人都是一些行为不端的人，担心毕加索会因此而误入歧途。尽管毕加索一再解释，也无济于事。

无奈之下，毕加索决定：离开巴塞罗那，到巴黎去！

在临行前，毕加索画了一幅自画像，给自己壮行。他遥望着浩茫的天空，大雁飞过，万里碧空，挑战的豪情和征服的欲望蓦然跃起。毕加索神定气足地在自画像的眉毛上连写三遍：

"我是天下第一！"

1900年10月，在距毕加索19岁生日只差几天时，他和好友卡萨吉姆斯一同离开了巴塞罗那，怀着对艺术之都的美好憧憬，登上了开往巴黎的火车！

第五章 到巴黎追求梦想

别人看到已存在的事实，问为什么；我看到不存在的可能，问为什么不。

——毕加索

（一）

当毕加索的双脚实实在在地踏上自己心仪已久的土地时，心里充满了兴奋、激动。

毕加索惊奇地眺望着远方的埃菲尔铁塔，他肯定自己已经被他这个至今所见过的最大的庞然大物镇住了。他不知道，这究竟是一位慈祥的巨人，还是一个凶神恶煞，也不知道这个城市即将带给他什么样的改变。

世纪初的巴黎充满了新鲜、浪漫和朝气蓬勃的新时代气息。各时代的名流大家都聚集在这里，各个艺术流派在这里也是争奇斗艳，经济和文化繁荣昌盛。可以说，巴黎充满了无限的生机与活力，这与西班牙那种令人窒息的因循守旧气氛形成了鲜明的对比，让初到巴黎的毕加索感觉如鱼得水，也感到了自由与兴奋。

这一年，恰逢巴黎举行规模宏大的第四次世界博览会，因此，艺术上更是充满了奔放的热情。在1914年以前，巴黎都是艺术家们不厌其烦的表现主题。巴黎社会的开放性和它丰厚的历史文化传统也使它成为现代艺术的发源地，并且成为世界艺术的中心。

也就是在这个时候，欧洲各国和法国外省的热爱美术的青年人开始从四面八方来到这里。事实上，每一位后来成为20世纪新艺术运动的领导者，在那个世纪的第一个10年中，都曾经到访过巴黎，不少人还在巴黎定居下来。

眼前的巴黎，在毕加索的眼里，是一个令人眩惑的大城市，并且充满了忙碌——这里完全没有西班牙式的散步。而且，他们周围的人全部在说法国话，作为异乡客的毕加索一句也听不懂。

不过，毕加索起码知道一件事，那就是巴黎的艺术家们都住在蒙特巴那塞，因此在那里一定可以租到便宜的房间和画室。

于是，毕加索和卡萨吉姆斯一起找到了蒙特巴那塞。正当他们准备租下附近的一个空屋子时，毕加索遇到了自己的画家朋友诺奈，他正准备返回巴塞罗那。因此，诺奈马上就将自己在加布耶路的画室让给了毕加索他们。毕加索和卡萨吉姆斯自然不会拒绝这么慷慨的赠予，他们愉快地住了下来。

面对巴黎这个五光十色的艺术天堂，毕加索如饥似渴地汲取着新知识。他怀着难以遏制的心情，在这个崭新的艺术海洋中遨游着。

以后每天，毕加索都会早早地起床，然后迫不及待地赶到卢浮宫观摩塞尚、莫奈、凡·高、高更、劳特累克等艺术大师们的作品。在这些优秀的作品面前，毕加索一向以来的自负受到了极大的震撼，他再一次感受到了艺术的博大精深，也明白了自己通向"艺术大师"的道路还很长。

于是，毕加索顾不上欣赏埃菲尔铁塔的雄伟和凯旋门的壮丽，而是去参观各种国际性的美术展览，或者到美术馆临摹名家们的作品。即使是走在大街上，他的眼睛也随时都在观察着周围的每一个可以入画的细节。此时的毕加索，真的恨不得自己能够多长几只手、几双眼睛，将他所看到的全部画下来。

毕加索来到巴黎，既不是以学生或流亡者的身份，也不是为了征服这座城市，而是作为艺术家来开创他的事业。他坚持认为，艺术家只能从事艺术创作，而不能兼顾其他。即便是穷困潦倒，也不例外。因此，毕加索经常手持速写本，歪戴着帽子，扎着色彩绚丽的领带，脖子上再围上五颜六色的方格围巾。

他的这身打扮在西班牙也许会引来众人的围观，而在巴黎，是没有人注意他的。他步履轻快、充满活力地奔走在大街和广场上，画下来回走动的行人、周围的建筑、优美的卢森堡公园边的街景、塞纳河畔的教堂以及动物园中各种各样的动物。

巴黎的每一个地段都有自己的特点，画家们常说："每转一个弯都会有一幅画。"说得没错，这座城市也在毕加索的心中渐渐明朗起来，巴黎也很快成为他不可分离的精神故乡。一位传记作家指出，如果毕加索留在西班牙，他的艺术将会像那古老的血统一样，永远难以改变。以后毕加索就在巴黎定居下来，直至去世，不能不说与这个良好的开端有着密切的关系。

（二）

由于语言不通，毕加索的活动范围在开始阶段仅仅限于巴黎的西班牙嘉泰隆人的圈子中。这里是贫民区，这也让毕加索有机会接触到了巴黎下层社会人们的生活。

在毕加索居住的地方，有一个小舞厅，是工人们在辛苦劳作之后休息放松的地方，毕加索也经常光顾这里，并将这里的各种情景都用画笔描述出来，创作了《烘饼磨坊舞厅》。

这幅画很快就驰名巴黎画坛，成为他到巴黎之后的第一幅重要作品。

这幅画画的是在一个阴暗、拥挤的小酒馆里，一个带着高帽子的男人和一个舞女正在跳舞，大厅里挤满了舞迷，女士们都带着大花帽子，周围的人们或站立、或坐着，他们的姿态和眉目间都流露出亲近和诱惑。

这是一幅具有印象主义传统的画作，也是毕加索模仿劳特累克的《红风车舞场》而作的。可以看出，在这一时期，毕加索在艺术风格上受劳特累克等印象派画家的影响较大。

毕加索住的地方距离当时的新艺术中心拉菲特路只有一箭之遥。在19世纪90年代初期，这个地区逐渐发展成为艺术家和公众们的一个重要信息中心。那里有十几个陈设简朴的画廊，画廊的主人大多都有些古怪。

拉菲特路1号是《白色杂志》的总部，这个杂志在很长时间内都是先锋艺术的总代表；6号则是画家塞尚的代理商富拉尔，他曾展出过凡·高、高更和纳比画派的一些作品；8号是本哈明·简这位著名艺术代理世家的事务所；16号是印象派画家杜朗·路的画室，旁边则是卡劳维斯·萨格特的画室，他也是最早出售毕加索作品的艺术代理商。再前面，就是一个富有冒险精神的年轻女性贝尔特·威尔新开设的画廊，她那里主要展览的是一些先锋派的画作。

在朋友的介绍下，毕加索拜访了这位被他们戏称为"四个苹果高"的女画商贝尔特·威尔。这位女画商很有眼光，当即就用100法郎买下了毕加索带来的三幅斗牛油画。这三幅画的画面上都涂满了最为浓烈鲜艳的色彩，令人感觉到巴塞罗那那炎炎的烈日和灼热感。

真是好事成双，几天后，毕加索又很幸运地遇到了一个来自西班牙加泰罗尼亚的同乡马纳奇。马纳奇在巴塞罗那有一个工厂，同时他也是一位颇有名气的画商，在巴黎经营一些巴塞罗那画家们的画作。

他对毕加索早有耳闻，第一次见到毕加索时，他就很喜欢这个充满活力的年轻人。同时，他也敏锐地感到，他必须抓住这个人，因为他的画稿有着一种不同寻常的气质。而毕加索那狂放不羁的服饰及发型，也令马纳奇感到，这将是一个能够成为大师的人物。

因此，马纳奇愿意每个月付150法郎的薪水，请毕加索按照他的要求作画。

这个薪资显然是比较低的，因为当时法国的工人每天的平均工资都能达到7法郎，但要维持生活还是足够了，那时法国的普通老百姓每天2法郎的生活费就已经够了。

另外，马纳奇还在他的住所为毕加索腾出了一间较大的房间，里面的画具也都很齐全，毕加索可以很专心地在这里画画，这也算是让毕加索有了一个稳当的落脚之地。

所以，毕加索自然也感到很满意，愉快地答应了马纳奇的要求。而且，这也意味着，他可以完全摆脱父母的经济支援了。

他想起刚刚准备来巴黎时的情景：母亲一言不发，暗示对他的支持；而父亲则提出了许多反对的理由，因为他一直想让毕加索完成在巴塞罗那美术学院的学业，一旦毕加索拿到了文凭，靠他的影响力和毕加索的才华，在当地完全可以找到一份美术教师的工作。

但是，霍塞最终还是向儿子妥协了，允许毕加索独自去巴黎发展。

后来，毕加索的好友萨巴泰问他：

"这一切所要花费的钱，都是从哪里来的？"

"卡萨吉姆斯和我共同分担，我的父亲负责车票钱。他和我母亲送我到车站，当他们回家的时候，口袋里只剩下几个零钱了。他们一直到月底才能把家用平衡过来。这是我母亲很久以后才告诉我的。"毕加索说。

（三）

在马纳奇的帮助下，毕加索在巴黎有了微薄的收入，因此生活也变得更加安稳了，这也让他能把更多的精力用于作画。

就在毕加索准备大干一场的时候，情况却急转直下。他的同伴卡萨吉姆斯一到巴黎就爱上了一个姑娘，但那个姑娘却对他的疯狂追求无动于衷。卡萨吉姆斯每日神魂颠倒，几乎濒于崩溃的边缘。他也不再学画，每天只是酗酒，嘴里还嘟囔着要自杀。

毕加索看着朋友一天天憔悴下去，心里感到很不忍。他想，马拉加灿烂的阳光也许可以治疗朋友的单相思。而且，他也真的担心卡萨吉姆斯会自杀，因为他之前在巴塞罗那就有过一次自杀的想法。

为了避免悲剧重演，毕加索半劝半拖，将卡萨吉姆斯带回了老家。

两个人于12月20日回到了马拉加。虽然毕加索在巴黎生活得很惬意，但他那又长又乱的头发和那顶古怪的帽子以及街头艺人一样的打扮，让家人十分不满。他的父亲和叔叔都认为他现在所画的画不堪入流，没想到他在巴黎学了一些乌七八糟的东西。

毕加索忍受着家人，尤其是父亲和叔叔对他的不满，一心希望地中海的良好气候能让卡萨吉姆斯忘记过去，重新振作起来。可是，卡萨吉姆斯却依然是在幽暗的酒店角落里借酒浇愁。

无奈之下，毕加索只好准备前往马德里，而卡萨吉姆斯却不愿一同去。在一家放着音乐的小酒吧里，两人互相道别。

不久，卡萨吉姆斯便又黯然地返回巴黎。1901年2月17日，他当着心爱的人的面，开枪自杀结束了他无力摆脱的爱情悲剧。

毕加索听说卡萨吉姆斯自杀的消息后，好几天都一言不发，只是画。不久，他就画出了那幅低沉阴郁的《卡萨吉姆斯的葬礼》。

这幅很大的油画也是毕加索蓝色时期的主要代表作品之一。在画面上，送殡者、尸体与云雾上的裸体女孩、飞腾的白马，反映出了画家此时一种十分复杂的心理状态；地狱的混沌与天堂的清明糅杂在一起，也让人想起高更在临死前所画的那幅著名作品《我们来自何方？我们是什么？我们向何处去？》。

在马德里，毕加索结交了一位新朋友，是一个名叫弗朗西斯科·达·阿西·索勒的巴塞罗那人。两个人经过一番合作，编辑了一份名为《年轻的艺术》的杂志，并于1901年3月出版了创刊号。

两个人的最初想法是想把这本杂志办成一本"真实可靠的刊物"，在西班牙推动艺术革新的浪潮。可惜的是，《年轻的艺术》只维持了五期就停办了，因为缺乏资金的支援。

这时，巴黎的马纳奇开始催促毕加索返回，因为他已经几个月没有收到毕加索应允的画作了。同时，马纳奇又告诉毕加索一个消息：塞尚与高更的经纪人准备为他举办一个画展，问他是否同意。

毕加索当然是求之不得，于是在1901年4月底，他就返回了巴黎。

（四）

由于有了马纳奇的经济支持，这时毕加索再次前往巴黎便只是随便与家里说了一声，不再像第一次那么困难了。而父亲霍塞也放弃了他的权威，不再多说什么。

到了巴黎后，马纳奇迎接了他，并邀请毕加索住在克利希大街130号他那不太宽敞的画室里。

这个画室有一个小门厅和一间卧室，外面楼梯的平台上还有一间浴室。毕加索搬到画室不久，就给马纳奇画了一幅肖像，采用的是纯正的凡·高黄色、红色和白色进行厚涂。尽管色彩是十分欢快的，但一条浓重起伏的黑色轮廓令画面中的形象器宇轩昂，像个斗牛士一样神气。

马纳奇认为，毕加索要想尽快出头，就必须去见富拉尔。富拉尔是个很有名气的画商，性情豪爽，眼光独到，曾经赞助过塞尚，并与许多名画家、名诗人都颇有交情。

毕加索的画得到了富拉尔的赞赏，他满口答应尽快为毕加索举办画展。毕加索知道，富拉尔的画廊是很威风的，他想通过这一次画展在巴黎一举成名。

　　为此，毕加索闭门苦修，专门为迎合贵族资产阶级的趣味创作了一系列的作品。

　　6月24日，画展在富拉尔的画廊开幕了。但令毕加索不快的是，画展同时还展出了另一位画家的作品。为此，他连开幕式都没有参加。

　　画展共展出了毕加索的75幅画，其中包括他在来巴黎后一个月内创作的30幅画作。这次展览给人的印象是风格繁多，令人眼花缭乱，让人难以相信这些画是出自一个人之手。

　　同时，从画作中也能看出，毕加索这个时期受到了很多画家的影响，如莫奈、比萨罗、凡·高、劳特累克等。

　　就其艺术水平来说，这些画作是很成功的。但是，画展结束后却一幅也没有卖出去，这给了毕加索以沉重一击。

　　值得庆幸的是，毕加索的创作动机被《艺术报》的评论员费里基昂·夫杰及时勘破。为此，他特意撰写了一篇文章，在称赞毕加索"是一位名副其实和富有魅力的画家"之后，一针见血地指出了他急切的功名心：

　　"显然，他的创作激情汹涌澎湃，使他无暇考虑树立自己的风格，他的创作个性就存在于这种激情之中，存在这种年轻而急于求成的躁动中。但同时，他的危机也潜伏在这种急于求成的心情中，它可能使他养成一种平易媚俗的美术趣味。创造和多产，就像暴力和精力一样，是两件不同的事情。我们面对着如此光芒万丈的雄伟气魄时，不免对他的作品产生深深的遗憾。"

　　如果没有夫杰的这篇文章，凭着年轻人的任性和急躁，毕加索说不定会在邀媚取宠的道路上滑得更远。然而，毕加索毕竟是毕加索，夫杰前面赞扬他的部分他并没在意，反而是后面这几句批评的话有如当头棒喝，让他的全身心都为之一震。

　　这件事对毕加索产生了很大的震动，他在巴黎的快乐也荡然无存，一下子跌入了烦恼的深渊。在一幅素描当中，毕加索将自己描绘成一个准备外出的画家，穿着灯笼裤，脚蹬高筒靴，头戴宽边帽，手里拿着的袋子里装满了各种各样的绘画工具和材料。但是，他那张严肃而忧伤的脸在这幅画中却敲出了不和谐的音符。

经过一番思考之后，毕加索渐渐开始明白自己的画风方向了。而他所谓的"蓝色时期"，也就是这个时候开始的，并且一直持续到1905年。

第六章 蓝色时期

灵感的确存在，但是它必须在我们行动时才会出现。

——毕加索

（一）

从在巴黎举行的这次画展之后，毕加索收拢住了对这个新奇世界的热切目光，开始让自己慢慢沉静下来，也很少再去美术馆看别人的画展了。他将自己关在房子里，不愿再听别人说他的画作是出自某某的风格这样的评价。

有一天，毕加索和他的西班牙朋友们在一家名字叫做"勒若"的夜总会聚会，他们不能忍受所呆房间墙壁的肮脏不堪，于是就决定对其装饰一下。

这时，毕加索走过去，很快就在上面画了一些女人体。有个聪明的人看到了，猜出了他所画的东西，便大声地叫出来：

"圣安东尼奥的诱惑！"（塞尚的作品）

结果，毕加索立即停了下来，再也没有兴趣多画一笔了。

他还是无法摆脱别人的风格。

不过，巴黎的那次画展也为毕加索带来了一位朋友，他就是麦克斯·杰克卜。杰克卜是一位十分具有感染力、聪明而又一贫如洗的批评家、诗人和作家。他对毕加索的作品印象深刻，因此便想着法子结识毕加索。

有一次，他在毕加索的画廊中留下了一张字条，马纳奇得知后，就邀请他去拜访毕加索。

两人见面后，发现语言根本不通，于是只好握手、微笑，然后杰克卜便开始欣赏毕加索的那些作品。

此后，他们便常常见面，毕加索还会听一些杰克卜的诗，这也让毕加索郁闷的心情稍微得到了一些缓解。

不过，这时毕加索与马纳奇的关系开始变得不愉快起来。很少有人能够成功地将生意与友谊结合在一起，马纳奇也不例外。毕加索开始不喜欢那些成批涌来的朋友，因为他们几乎成了他家的掠夺者。

但马纳奇对毕加索的影响，比起卡萨吉姆斯自杀给毕加索带来的阴影根本不算什么。毕加索的住处距离卡萨吉姆斯自杀的小餐厅只有几步远。

毕加索对朋友的死感到深深的内疚。尽管他没有参加卡萨吉姆斯的葬礼，也没有看到他的遗体，但他在此期间创作的一系列油画和素描，都与卡萨吉姆斯有一定的关系。尤其是壮观晦涩的《卡萨吉姆斯的葬礼》，更是体现了他这一时期心理上的种种变化。

不管怎样，这幅画不仅标志着毕加索心情的转变，而且也标志着他在风格和题材上的转变。他抛弃了自由的点彩派笔法，以浓重的黑色绘出人物轮廓，蓝色则越来越重，直至肤色都化为蓝色。

那年的冬天，萨巴泰也来到了巴黎，他是特意来找毕加索的。当毕加索将他带到自己的住所，给他看自己最近的画作时，萨巴泰十分惊讶。

完全不同了，这些似乎与他在巴塞罗那认识的毕加索完全没有关联。其中的一些猛烈而色彩鲜艳的图画，是毕加索自己的视野与凡·高的融合；一些人物，色彩斑斓得就像是扑克牌一样；还有一些悲观而孤独的人物画，好像完全来自另外一个世界。

但重要的是，所有的这些作品，属于毕加索的整个世界，都被渗入了蓝色。

毕加索还给萨巴泰画了一幅画像。画像中的萨巴泰是一个40岁的中年人，毕加索的蓝色吞没了萨巴泰的青春，也吞没了巴黎给予画家的快乐。除了微微涂抹的蔚蓝色嘴唇上可以看到一些红色之外，其余的部分，都是蓝色的深渊。

（二）

马纳奇对毕加索更加失望了，因为毕加索的画风越来越难以捉摸。毕加索的那些从巴塞罗那带来的斗牛画，还有在克里奇大道头几个月的作品，都很令人欣赏，当时的毕加索似乎还是个可以指望的投资对象。

但现在，已经没有人愿意买毕加索的画了，因为他的画越来越冷，直到所有的暖色和凡·高似的笔触效果完全消失。他在愉快的夏天里所画的活泼的儿童和热闹的街景消失了，取而代之的是孤独、沉思的丑角和一些寂寞的酗酒女子。

在一幅自画像中，毕加索显出一副饥饿的样子，大衣遮住了下巴，眼睛直愣愣地朝前面看着，与他以前所画的幽默自画像比起来，这幅画中的他显得更加苍老、悲伤与深沉。

马纳奇实在想不通毕加索在想什么，深处花花世界一般的巴黎，却去画那些令人扫兴的东西，这些东西能有什么市场呢？没有人愿意买这种充满悲伤情调的作品。

毕加索也想离开马纳奇的画室，但离开了这里，他又无处可去。

在巴黎遭受的挫折，也让毕加索开始思念起家乡的父母。可是，这时他却连买一张火车票的钱都没有了。在万般无奈之下，他只好向父亲求助。

霍塞尽管对儿子很不满，但毕竟还是自己的儿子，他如期地给毕加索寄来了钱，毕加索将自己这一段时间的画作转交给一位朋友保管，便急匆匆地踏上了回西班牙的列车。

1902年的春天，当萨巴泰再一次见到毕加索时，他已经在巴塞罗那的家中了，并在附近的一间楼顶的画室工作。这个画室里充满了地中海的阳光，与巴黎的寒冬形成了鲜明的对比。然而，他的画作还是蓝色，甚至比以往的色调更蓝。

毕加索希望自己的思绪能够像大海一样深邃沉静，因此，他再次沉浸在蓝色时期的一些题材当中：呆头呆脑的妓女、赤贫而慈祥的母亲以及那些垂头丧气落魄潦倒的人物。

他不再像以前那样去巴塞罗那的美术馆了，而是常常长途跋涉，在教堂里昏暗的灯光下长久地凝视着，那些质朴单纯，充满了悲怆、怜悯的画面深深地打动了他，将他带到了对人世沧桑深刻的体验和剖析之中，从那些悲苦的人们身上寻找人生的意义。

而与此同时，毕加索眼中的西班牙帝国也更加衰落了。社会上到处都是失业的人群，他们在街头流浪、徘徊，他们贫穷、忧郁、沮丧，一种无意义的、对人间和自己的全部苦难茫然不解的感受，笼罩在毕加索的心头。因此，这期间他也创作了一系列著名的画作，如《病孩》《苦行的人》《弹吉他的老人》《老人与孩子》《人生》等等。

同时，毕加索还在继续画他前一年在巴黎开始关注的孤独的妓女题材。妓女是19世纪末许多小说和戏剧中的女主角，在美术作品中也频繁出现。然而，却没有哪一位画家能够像毕加索那样，能够以如此冷静讽刺的笔调来描绘妓女。有人认为，这时毕加索的厌女情结可能源于他的朋友卡萨吉姆斯的自杀。

总之，毕加索在巴塞罗那这几个月的作品大部分都是沿袭了巴黎时期的路线，而且发展得也更为彻底：还是蓝色调，而且开始着重于单一的形象。物体有所简化，外面的轮廓加强，细节则被单一的色块所取代。

在巴塞罗那的这段时间，毕加索过得一点都不快乐。

（三）

在毕加索回巴塞罗那的这段时间内，马纳奇又于1902年在巴黎展出了毕加索前一年画成的大约30幅油画和色粉画。马纳奇不甘心于上次的失败，设法请到了批评家费里基昂·夫杰为画展写了一篇评论，赞扬这些画作"是我们感到先睹为快，领略到并使我们迷恋于那种在调子上时而粗犷奔放、时而细腻老练的卓越的绘画技巧"。

但是，结果还是让马纳奇大失所望。同上一次画展一样，这一次还是来参观的人很多，但没有一个人愿意买画。

马纳奇也更加怀疑自己对毕加索的判断，这可能也是他们之间以后彻底决裂的一个重要因素。

1902年10月，毕加索再次出发，准备第三次前往巴黎。尽管这时他与马纳奇之间已经终止了协议，但在他看来，巴塞罗那的那些朋友与巴黎的朋友相差太大，他们根本不仅能理解他的作品。因此，他还是想到巴黎一试高低。

这一次他是抱着较高的希望的，因为头两次来的时候虽然没有赚到什么钱，但却建立了很多关系。这对于一个年轻的画家来说，前景应该是比较美好的。

然而，毕加索这次到巴黎后，情况比前两次更糟糕。他先是在拉丁区的埃克斯旅馆落脚，跟他所有的朋友都相距甚远；然后他又搬到了一家更便宜，位于塞纳路的马洛克旅馆，与雕刻家阿加罗合住在一个小房子里。

狭窄的房间里，一张大床几乎占去了所有的空间，所以当其中的一个人要走动时，另一个人就只能躺在床上。一个小小的圆窗是他们所有工作的光源。不过，毕加索还是在这里画出了不少作品。

房租的租金十分便宜了，一周才5法郎，但他们还是有点付不起。后来，麦克斯·杰克卜注意到，毕加索和那位雕刻家都不常吃东西，便常常会带一些马铃薯给他们吃。

杰克卜当时是靠给一个小孩当家教挣些钱来维持生计，不过他的叔叔开了一家百货店，他便到店里打工赚些钱。后来，杰克卜就在附近租了一间第五层楼的小房子，房间里没有暖炉，也只有一张床，不过他还是马上邀请毕加索一起过来住。

毕加索一向都喜欢在灯光或烛光下工作，现在好了，他白天睡觉，杰克卜出去上班；而晚上杰克卜回来休息时，他就把床让出来，然后整晚地画画。

这位画家和这位诗人，除了精力充沛和想象力丰富之外，一无所有。他们在狭窄的阁楼里一起梦想着美好的未来，画家将诗人朋友描绘成一个文学巨星，进入法兰西学院。在这组滑稽的连环画的最后一幅中，毕加索将杰克卜画成穿着希腊宽衣袍，手里拿着一把雨伞，前去接受雅典娜亲自授予桂冠的成功者。

有一阵子，两个人过得还算比较舒服，有煎饼卷和豆子吃。不过，杰克卜的诗人性格令他不是很适应固定的职业，所以虽然与店主有亲缘关系，但他那容易激动的诗人性格还是令他失业了。

这样一来，毕加索和杰克卜的日子就更难熬了。

贫穷与共的还有萨巴泰。有一次，毕加索和杰克卜从兜底翻出最后的几个硬币交给萨巴泰，让他去买几个鸡蛋和别的食物来。

萨巴泰在商店里转了半天，最后捧着鸡蛋，还有一块面包和两根香肠，兴冲冲地往回跑。

也许是迫不及待地想赶回去填饱肚子，再加上视力不好，萨巴泰在上楼时不幸摔倒了，结果鸡蛋都摔破了，结果满楼板都是"印象派画作"。

　　萨巴泰顾不上自己这幅无意中的"创作"，而是手忙脚乱地抱着香肠、面包撞开门。毕加索听说等待已久的鸡蛋都给摔碎了，大发雷霆，对着萨巴泰吼道：

　　"我们把最后的几枚铜币都交给你了，可你却连个完整的鸡蛋也拿不回来。你这辈子算是白活了！"

　　说完，毕加索气愤地抄起一把叉子，插进了其中的一根香肠。

　　"嘭！"香肠竟然爆炸了！

　　毕加索又试了另外一根香肠，也爆炸了。

　　萨巴泰的视力实在是太差了，他买了两根因时间太久而发酵的香肠，里边像气球似的充满了气体，叉尖刚一戳破外皮就爆开了。

　　毕加索和杰克卜哭笑不得，只好把面包分吃了。而萨巴泰则一副做错了事的样子，饿着肚子低头认罪。

　　这件事当时在几个人看来，绝对不是什么有趣的事。

（四）

　　由于没有人肯买毕加索的画作，毕加索在巴黎已经无法继续生活下去。终于有一天，毕加索把一幅《母子在海滩》的油画卖了200法郎，然后他将其他的作品都寄放在蒙马特尔的一个朋友那里，准备回巴塞罗那。

　　这时是1903年1月，天气最寒冷的季节。启程前夕，毕加索十分难过。他记得在临走前的那天夜里，为了取暖，他烧毁了一大沓素描和水彩画。

　　第二天，毕加索就启程回了巴塞罗那。此时，他对世界、对生活的领会更加丰富了。这次巴黎之行也让他感受到了独辟蹊径的艰辛，这些人就像在漫漫长夜中不断跋涉一样，充满了孤寂与疑惧。他的蓝色时期的许多重要作品，都是在这次回乡之旅中完成的。

回到巴塞罗那后，毕加索依然摆脱不了卡萨吉姆斯的阴影。过去曾经与卡萨吉姆斯同住的那间画室，周围随处都可以看到往日的相识，甚至他们画在墙壁上的家具和仆人也都还在。

这时，毕加索开始画一些草图，酝酿着他生命当中在这一时期最为重要的作品——《生命》。对于这幅作品的含义虽然后来有多种解释，但一般都认为与卡萨吉姆斯有关。

这幅画虽然起草很早，但真正动笔却是在1904年初。为此，毕加索做了许多准备，把早期生活的线索一点一滴地收回到记忆当中。

不过，在1903年的时候，巴塞罗那的政治形势也对毕加索产生了一定的影响。这一年，学生运动此起彼伏，权利当局关闭了大学；工人在这一年中举行了73次大罢工，有些还伴随着暴动。

时局的动乱也造成失业者大增，穷困的工人、流浪汉、老人、瞎子、瘸子的命运变得更加凄惨。这些形象在毕加索的画中都一一反映出来。

1903年，毕加索的作品有《老犹太人》《盲人的晚餐》《老吉他手》等。毕加索深切地关注着这些贫穷、失明和孤独的人们。

后来，毕加索又在巴黎创作了一幅铜版画《便饭》，也是一幅有关盲人题材的作品。在这幅画中，盲人用他那又长又瘦的手亲昵地搂着他的女友，轻轻地用指尖摸索着她的衣袖，头扭向一边，似乎怕干扰了手的触摸。

有趣的是，在许多这类题材的作品中，脆弱无能的老盲人旁边总是有一个瘦小的少年在陪伴着他。有人认为，这个少年就是毕加索的化身，老盲人自然就是他的父亲霍塞，画作暗示着日渐衰老的父亲对自己的日渐依恋。

1904年起，毕加索开始创作《生命》这幅画作。它也是蓝色时期毕加索的最大幅的油画之一。整幅画面都给人一种深深的、长久的、不快乐的感觉。

许多看过这幅画的人都想理解其中的含义，尽管解释不同，但解释者似乎都比毕加索本身更清楚画作的含义。

但关于这幅画，毕加索日后说：

> 《生命》这个名字是我取的，我根本无意去画一些象征；我只是将我眼前浮现出来的景象画下来而已，替它们找出隐藏的含义那是别人的事。据我所知，一幅画本身就足以解释它自己。一切都表达得明明白白，做一些解释又有什么意义呢？一个画家是只运用一种语言的……

在毕加索看来，一件艺术品是出自内心深处，而不是视觉外观，所蕴含的也是人类的深情而非逗乐的细节。而深情就应该以一种单纯率真的手段来表达，不是靠矫揉造作的花样和技巧。

于是，蓝色时期的作品也就显得僵硬、枯燥但又往往是犀利而深厚的。毕加索用简洁而细致的线条，婉转流畅地勾勒出了画家衷心同情的主题，到处都徘徊着优美的曲线，配合着悲剧一般的构图。而蓝色也给这些线条的旋律增添了无限的忧伤和抑郁，形成一种优雅而又严肃的气氛，使得画面显得亲切而又悠远，既温暖又冷漠。这种没有变化的单一色调，以及或多或少显得平淡的背景，就像是一道防线一般，阻止了一切无足轻重的表面现象，拒绝了现实与浮华的侵入，让作品蕴含了更加深刻的主题和意义。

第七章 创作风格的转变

我总是去尝试那些我不会的事，这样我才能学习如何"会"。

——毕加索

（一）

1904年4月，毕加索再一次离开巴塞罗那，来到了巴黎。这也是他离开祖国寄居异邦的开始。

这一次，毕加索带着他所有的财产——大量的绘画和几件衣服，一下火车就计划直奔蒙马特尔。

蒙马特尔地位于塞纳河的北岸，是巴黎的贫民窟之一，到处都是残垣断壁。30多年前，这里曾经发生过一场近代史上惊天动地的革命——巴黎公社的英雄们为了捍卫自由和正义，同凡尔赛方面开来的镇压军队进行了殊死的搏斗。

因此，每当毕加索观赏史太因林的名画《巴黎公社万岁》《国际歌之图》等，他的胸中就会顿感热血沸腾，这些也促使他将自己的画笔紧紧地与人民联系在一起。直觉也告诉他，只有穷苦人民的命运，才能唤起他艺术的良知。

蒙马特尔山西南面的斜坡上，有一个埃米尔古多广场，那里有一栋奇特的房屋：客人从街上来时，必须要先走过上层甲板，再沿着弯曲的楼梯与黑暗的过道走下来，才能进入房间内。房间的顶层基本与地面是平行的。

由于它的外形很像停泊在塞纳河上的洗衣船，因此，人们都管它叫"洗衣船大楼"。事实上，这栋房子中的确住着一些洗衣妇，还有一些女裁缝和许多画家、作家、雕刻家以及演员等等。

不过，这栋房子既没有水，又不合乎卫生要求，美其名曰"洗衣船大楼"更多的是讽刺和自嘲。

这样一座破旧不堪的建筑，就连保险公司都不敢冒险接受，但在两个世纪的交接时期，它可能比巴黎市的任何一座富丽堂皇的高层建筑都显得重要，都会让人肃然起敬和回味无穷。因为这里曾经住过高更和象征主义的那一代画家、作家；而今，毕加索这一代又来到了这里。这个矮个子的西班牙小伙子虽然是来"求救生良药"的，但他与高更等人的卓越努力所形成的传统，使蒙马特尔至今仍是来自世界各地的画家们的乐园。

毕加索的画室就在楼底层的一条长走道的尽头。此时，他所认识的大多都是一些西班牙人或卡达浪人，包括比科特、罗卡洛等，还有当时比较有名气的苏洛加以及教授毕加索做第一次烛刻的康纳斯和杜利尔、马诺洛等人。

从这时起，毕加索与马诺洛的友谊就持续了一生。毕加索欣赏马诺洛的雕刻，而马诺洛也欣赏毕加索的绘画，但事情还不仅仅如此。

马诺洛比毕加索要年长10岁，是个私生子，很小的时候就离开家在街头上乞讨生活，在生存的竞争中磨炼得十分精明。而一些比较难听的字眼，如强盗、小偷等，也都曾经被加在他的身上。他曾在杜利尔不在家时将他墙上的高更的画全部卖给了别人，又曾经趁着麦克斯·杰克卜正在睡觉时偷走了他唯一的一条裤子，只是后来因为没有人买，他才又把它还了回去。

马诺洛极端地机智、乐观，甚至就连他的受害者——几乎他所有的相识，都对他毫不怀恨。

毕加索来到这里之后，马诺洛很喜欢他。对他来说，毕加索永远都是"小毕加索"；而毕加索跟他在一起时，也比跟谁在一起都快乐。

这里的洗衣妇也不少，其中有个名叫费南尔多·奥利维亚的法国女人，是个被神志不清的雕刻家丈夫抛弃的妻子。不过，她那美丽的容貌、杏仁一般的绿色眼睛和健美的身材，还有满头浓密的褐色头发，都令人不能不多看她几眼。

这时候的毕加索23岁，而奥利维亚的年纪也差不多。后来，奥利维亚谈到了她与毕加索初次相识时的情景：

8月4日这天下午，天气炎热，奥利维亚和一个女友在广场栗子树下的喷泉边打水，忽然一阵雷声过后，下起了倾盆大雨。她和女友便快速地往楼里跑。她的一头秀发和别着红色玫瑰花的亚麻布外套都湿透了，愈发显得秀丽动人。

刚进楼道，一个年轻人就挡在了她的面前，一双乌黑的眼睛盯着她，怀里还抱着一只小猫。年轻人微笑着说：

"你好，我叫巴勃罗·毕加索，是个画家。"

"你好，我叫费南尔多·奥利维亚。"

就这样，两个人便相识了。

奥利维亚十分喜爱毕加索抱着的这只小猫，毕加索就将小猫交到她的手里，并邀请她来参观自己的作品。

后来，奥利维亚在她的回忆录中写道：

　　乍一看上去，他并没有特别吸引人的地方，虽然那种奇特的、执拗的神情摄人心魄。你几乎不能把他当做社会名流，但从他的身上，你能感觉到一种内心的火焰，使他拥有一种我无法抗拒的磁力。

（二）

在毕加索的邀请之下，奥利维亚跟随毕加索到他的画室参观。

刚跨进门，奥利维亚就闻到了一股浓烈的油画颜料和石蜡的气味，中间还夹杂着一股烟草味。房间里也乱七八糟地摆满了东西，但却没有一件像样的家具。

最吸引人注意的，就是房间中的一只镀锌铝盆，里面凌乱地摞着许多书籍，地上则堆满了颜料、画笔、油桶和擦笔布，还有些速写手稿，上面有被踩踏的脚印。

奥利维亚小心翼翼地走进房间。

"我都不知道该站在哪个位置了。"奥利维亚喃喃地说，"我都不知该用哪只脚站立了。"

毕加索却并不在意房间的杂乱，而是直截了当地对奥利维亚说：

"你很漂亮，很吸引我，我想给你画一张画像。"这句话差不多成为毕加索追求他所喜欢的女孩子的开场白了。

不过，奥利维亚也很大方地同意了。

"请坐下别动，我会给你画很多美丽的肖像，把你的一生都画出来。"

这幅素描肖像画很快就完成了，毕加索感到十分满意，对奥利维亚说：

"你身上有一股花草的气息，但我不知道该怎样表达这个意思。"

奥利维亚很高兴毕加索这样赞美她，毕加索激动的样子也让她的脸颊泛起了一丝红晕。她对毕加索这里糟糕的环境并不反感，他们一起度过一个很愉快的下午。

奥利维亚的出现，给毕加索的生活带来了一股暖流。不久之后，奥利维亚就搬到毕加索的住处，与他住在了一起。

有了奥利维亚的照顾，毕加索就可以将全部的精力都用于绘画创作了。他为奥利维亚画了很多肖像画，其中一幅最满意的被毕加索挂在画室的墙壁上。

同时，奥利维亚也给毕加索的精神和生活增加了无穷的乐趣。奥利维亚乐观健康的态度影响了悲观抑郁的毕加索，使毕加索在不知不觉中就发生了许多变化，这种变化也很明显地反映到了他的作品当中。

因此，从这时开始，毕加索那极不快乐的"蓝色时期"就宣告结束了，取而代之的则是快乐的"玫瑰时期"。他的绘画开始以棕色和柔和的粉红色为主调，蓝色和其他的暗色都不见了，画作也开始给人一种清新、欢畅的感觉。而且，绘画的主题也从城市的咖啡馆、贫民窟转到富有浪漫气息的乡间道路和田野里以及一些杂技演员的身上。

在"洗衣船"的附近，有一个名叫"梅德·拉诺"的马戏团，毕加索和奥利维亚经常去那里看马戏表演，渐渐地也熟悉了马戏演员的生活。于是，毕加索就用画笔将马戏演员的生活一一描绘出来。

有一天，毕加索与奥利维亚又来到马戏团看表演。戏还没有开始，他们就来到了后台，演员们都在紧张地准备着。

这时，一个消瘦的小姑娘引起了毕加索的注意：她正在练习踩皮球，身体不停地摇晃着。小姑娘努力伸直手臂，调整身体的平衡，以使自己站稳而不掉下来。她的师傅正在一旁指点她，还不时地训斥几句。小姑娘含着眼泪，一声也不敢吭，一遍遍地练习着。

毕加索觉得这个小姑娘十分可怜，她这个年龄，本应该在无忧无虑地玩耍着；可现在为生活所迫，小小年纪不得不为生活奔波劳作。

毕加索的心里很难过，回到家后，他就将这一情景画了下来，这就是画作《踩皮球的少女》。

此后，只要有时间，毕加索就会到马戏团里去，不仅是为了看马戏表演，还经常与演员们聊天，了解他们的生活，甚至还与马戏团的动物演员们交上了朋友。

这些马戏演员们常常都是带着家眷，住在临时搭建的帐篷里，靠刻苦训练来赚钱生活。他们通常都是居无定所，尝尽了人间的酸甜苦辣。

后来，毕加索就根据这一题材，创作了画作《卖艺人家》。

这两幅画都表现了流浪艺人们漂泊不定的生活。他们在一个地方演完后，就匆匆赶往下一个地方，形象地刻画了卖艺人家的清苦、动荡的生活状态。

在这一时期，毕加索还经常以马戏演员和他们的妻子、孩子，甚至是训练有素的动物演员为模特进行绘画创作，画出了大量表现马戏团和流浪艺人生活的作品，如《杂技演员一家与猴子》《牵着白马的男孩》《演员》等。

因此，毕加索这一时期的创作，也被人们称为"马戏时期"。

（三）

这次刚到巴黎期间，毕加索的生活还是十分拮据的，很久都没有任何的画作展出。不过，他也结识了几位画商，如沃拉德、波斯·维尔、克劳维斯·萨果等。有一段时间，毕加索发现自己已经欠了颜料商900法郎的账，颜料商也因此断绝了对他进行颜料供应。

这一行为，对任何画家来说都是意味着要挨饿的。此时，沃拉德便不再买他的画了，而萨果也只能出很低的价钱。

因此，这段时间毕加索经常把画画在用过的画布之上，甚至是画布的背面。

1905年中大半年的情况都与1904年一样糟糕，偶尔卖出几幅画赚的钱，也仅够维持他不倒下。当时，他也没有什么社会保险，整个日子都是困窘的。

在这最为艰难的时期，奥利维亚的可贵品质体现了出来。她十分善于节省，每天花不到2法郎，就能安抚毕加索和他的朋友们的辘辘饥肠。

奥利维亚很长时间都没有鞋子穿，走不出画室，幸亏有大批的旧书可以帮她消磨时间。冬天，他们没有燃料，就只能冻得钻在被子里取暖。后来，一个经营煤炭的邻居听说了，赶忙为他们送来了一箱藕煤，而且不肯要钱，他称自己被奥利维亚的"一双眼睛迷住了"。

奥利维亚的佳容丽质与开朗乐观的性格改变了毕加索，她的母性的庇护也使毕加索深藏在骨子里的诗人气质和顽童禀赋得以水落石出。

在这种爱情的滋润和鼓舞下，毕加索的创作热情也越来越高，画技也是日臻成熟。《坐着的裸女》《拿扇子的女人》《化妆》等，都是这一时期的作品。虽然这些作品描绘较多的依然是下层人们的生活，但毕加索已经从充满悲哀的气氛中走出来，画面上的暗色也日益减少，鲜艳温暖的色调增加了。

这也使他的作品逐渐获得了人们的认可和喜爱，甚至到了受欢迎的程度，而画的价格也在不断提高。

就在1905年的11月，里奥和赫特路德·斯坦因兄妹两人在街上闲逛，无意中看到了萨果店里的毕加索的作品，马上对他产生了兴趣。

当这对兄妹第二次来时，萨果拿出了毕加索的《拿花篮的女孩》给他们看，斯坦因用150法郎把这幅画买了下来，带回家中，将其与她所收藏的塞尚、高更和马蒂斯的作品挂在一起。

后来，斯坦因在一位法国作家的带领下，到毕加索的画室拜访他，并且一下子就买了800法郎的作品。

这次见面对毕加索来说十分重要，不仅因为在正值经济危机的时候得到了一大笔钱，还因为斯坦因是个稳定的、不挑剔的买主。此外，她还可能使毕加索的名声在周围买画的人中传开。

此后，毕加索与斯坦因一直都保持着比较友好的关系。而且，毕加索对赫特路德·斯坦因的相貌极为着迷，为她画过许多肖像。直到多年以后，毕加索都再也不用发愁找不到买主了。

从这时期以后，毕加索的经济状况开始逐渐好转。不久前还说毕加索是疯子的沃拉德，有一天跑到毕加索的画室，一下子就买下了毕加索30幅画作，付给毕加索2000法郎。

2000法郎！这在当时可算是一笔巨款了。毕加索想起自己当初用10幅素描才换来20法郎充饥的情景，心中充满了说不出的滋味。

不过，看着这么一大笔钱和已经被买空了的画室，毕加索决定好好度个假。于是，他就带上奥利维亚搭上了去往西班牙的火车。

第八章 《亚威农少女》

> 你觉得行就行，你觉得不行就不行——这是条不可改变的定律，无可置疑的法则。
>
> ——毕加索

（一）

1906年的春天，毕加索带着奥利维亚回到了巴塞罗那。

奥利维亚的到来，既没有让霍塞一家感到惊讶，也没有使他们不高兴，他们都很喜欢奥利维亚，并奇怪她为什么不嫁给毕加索。

奥利维亚拒绝了毕加索的求婚，不仅仅是因为自己的坎坷经历，还因为她了解毕加索的多变性格。相对于结婚来说，她更愿意这样宁静地、浪漫地生活下去，不受任何约束。因为，毕加索是约束不住的。

毕加索把奥利维亚带回家后，希望父母能做通奥利维亚的思想工作，让她同意嫁给他。但霍塞夫妇俩尽了最大的努力，也未能让奥利维亚改变主意。霍塞只好叮嘱儿子，一定要坚持到底。

在巴塞罗那，毕加索带着奥利维亚参观了他以前的画室以及昔日经常光顾的酒吧和经常散步的街道，并拜访了过去的亲戚和朋友们。大家都对毕加索取得的成就表示祝贺，并赞美奥利维亚的美丽、大方。

在巴塞罗那住了几天之后，毕加索和奥利维亚出发去了高索——一个位于比利牛斯山高处的美丽的小村落。

　　这里山路崎岖，骑着骡子才能抵达。村里的房屋都是用石头砌成的，这些石屋经过风雨的洗礼和阳光的照耀之后，呈现出一片金色的光泽。在远处，卡迪峰上的白雪在天空的映衬之下，简直就是一幅绝妙美丽的风景画。

　　刚开始在这里作画时，毕加索还是延续了以往的古典作风，画一些柔和的形体，而且大多都采用粉红色调，有些作品则只使用这一种颜色。其中，有一幅奥利维亚的裸体人像。画中的女子手举到头上，正对着镜子整理头发。镜子则由另一个女子拿着。

　　但不久之后，毕加索的画风忽然又变硬了，粉红色不再那么艳丽，人的形象也开始变得像雕刻，脸部毫无表情、犹如面具一般。

　　在一幅名叫《送面包的人》的油画上，就显示出了这个画风的变化。画中是一个戴着头巾的女子和两大块黑面包，面包下面垫着白色的垫子。而在毕加索返回巴黎后，这种变化表现得更为明显。

　　在高索的这几个月是十分美妙的，毕加索不仅创作了很多作品，身心健康也得到了极大的改善。这样惬意的日子本来可以持续到秋天的，可是他们居住的客栈中有个小孩忽然得了伤寒病。毕加索一向害怕疾病，因为他觉得这是死亡的前兆。为此，他决定马上赶回法国。

　　两个人回到巴黎后，毕加索就用他从高索带回来的画作重新填满了他的画室。在离开巴黎之前，唯一留在画室里的是一张尚未完成的赫特路德·斯坦因的肖像，面孔的部分还是一片空白。

　　由于一时没有机会见到她，毕加索就凭着记忆完成了这幅肖像。在这幅画中，美丽的脸蛋被一个面具所取代，凝固而专注，并有着一双严肃的、高低不平、大小不等的眼睛。

　　后来毕加索的朋友们看到这幅画后，简直都被吓坏了，但斯坦因本人却十分高兴。至于是否相似的问题，正如毕加索所说的那样，随着年岁的增加，她的面孔会越来越像这幅肖像画的。

在斯坦因的所有肖像画中，她只将这一幅终生带在身边，逝世前献给了纽约市立艺术博物馆。这时，所有熟悉斯坦因的人都说肖像和她本人已经神形合一。今天，我们还能够欣赏到这幅精彩的肖像，它有一个绰号：

"毕加索的蒙娜丽莎。"

这时的毕加索已经有了充分的经济能力，但这种富裕的生活却让他感到自己的想象力受到了限制。为了寻找创作的灵感和激情，毕加索又只身一人来到了美丽的"风车王国"——荷兰。

在郁金香和异国风情的熏陶之下，毕加索又恢复了往日的生机和活力，他把荷兰看到的风土人情全部用画笔描绘出来。

在荷兰，毕加索惊讶地发现，那些在田里劳作的农妇和挤牛奶的姑娘们，身材都高大而丰满，几乎人人都要比他高出一头来。

根据自己的见闻，毕加索创作了《三个荷兰农妇》《戴帽子的荷兰姑娘》等画作。

从荷兰带回来的作品，与毕加索前期的作品有着明显的不同。画中的人物都从以前的瘦小变得粗大、笨重。

此后，毕加索又画了一幅自由像和两个裸体人像，画中的人物都显得巨大、粗壮，如同雕像一般，像古铜色一般淡红。如果用传统的标准来看，这幅画中的人物可谓丑陋，而且不带丝毫的情感，整体感觉与"玫瑰时期"的风格完全不同。

（二）

1905年，爱因斯坦在科学史上树立了一座划时代的丰碑——《狭义相对论》的发表使长期以来被视为天经地义的规律、定理、公式等等，都成为明日黄花。包括人们的日常生活在内，整个世界都被卷入一股变革的洪流之中。

这年在巴黎的"秋季沙龙"上，马蒂斯、迪菲、马尔克、德兰、弗拉蒙克和费里兹的作品都集中在一间展室内。评论家路易·沃克赛勒看到在一片色彩狂野的绘画中间，有一件模仿早期意大利文艺复兴雕刻家唐纳泰罗的雕塑，便喊道：

"唐纳泰罗被野兽包围了！"

于是，这个画家群体就被冠以"野兽派"的称号。

1906年的春天，马蒂斯又在"独立沙龙"上展出了自己的新作《生活的欢乐》。这幅画五彩斑斓，浓淡不分，舆论界对此不知所措。但是，这幅画马上就被斯坦因兄妹认购了。

这时，毕加索刚从高索回到巴黎，在斯坦因兄妹那里看到了这幅画，他的胸中便隐隐产生一种"山雨欲来风满楼"的感觉。

在这个时期，毕加索也注意到了野兽派的画作，但是，此时毕加索知道，"野兽派"的表现手法与艺术风格不是自己想要寻找的答案。

不久，画坛蒙受了巨大的损失——塞尚逝世。

毕加索一直很欣赏塞尚，他越是看塞尚的作品，就越是发现塞尚与自己一样受着同一个问题的困扰。塞尚曾经说过：

"要用柱体、圆形和角锥去处理自然，并把它们都纳入配景……"

这句话即刻引起了毕加索的同感，两个相似的心渐渐产生了共鸣。

1906年秋天到第二年的春天，毕加索一直都在酝酿。经过一系列的准备和许多草图的尝试之后，毕加索要创出一幅极具野心的作品。

在这幅作品当中，毕加索要将他的绘画、雕刻的概念和许多其他的东西结合起来，这是关于空间、体积、质量、颜色、平面和线条的所有概念。

1907年春天，毕加索完成了这部作品。作品中是五个女人，她们所有的人性和感觉都被抽象化了：她们那粉红色的身体几乎没有任何修饰，在画面上排列成从左下方到右上方的对角线，其中的一个则蹲踞在右下方。

左边的三个女人有着"高索"式的面具脸孔，其中一个头部的轮廓上可以看到一只占据全部面孔的眼睛，另外两个脸上可以看到鼻子的轮廓，就像楔子一样尖利，身体的部分大多是由直线和有角的平面构成。

她们站在蓝色的背景前面，而右半边扭曲的力量更是达到了一个高峰：蹲着的女人脸部转向右方，形状被野蛮地打乱了；而上方站立的女人脸孔上是一个长脊、突出的鼻状物，十分像刚果的某种面具。

这幅作品，就是毕加索十分著名的《亚威农少女》。这是一张很难看懂，或者说不需要看懂的画作。它的外在形象和深层含义既模糊又复杂，也由此产生了许多见仁见智的解释。

就通常的解释来说，《亚威农少女》所表现的是在一个想象中的、烟雾弥漫的妓院内，五个妓女坐立着等待客人的情景。

然而，在画中，人们根本看不到表现这种情节的明显特征，因为毕加索已经将作品中那种叙事性成分的描绘抛得一干二净，而是专注于纯造型意味的表现和追求。

为了创作这幅作品，毕加索曾经做了许多的习作。他充满信心，极其细心地为这次战役做各种准备。而且为了完成这幅画，毕加索不分昼夜地创作，从构思到草图完成，整整用了四个月的时间，画了17张草图和上百张相关的素描。

尽管后来许多研究者对这些草图之间的变化关系，对这幅画的原型和意图都作了各种各样的猜测，但毕竟是画面上那种强烈而奇异的形式和它所表现出的令人震惊的意味和力量，掀起了一个世纪的艺坛波澜。

毕加索创造了立体派的第一件成品。一幅革命性的可怕画作，连带着它的全部潜力和全部审美观，如同一颗巨大的炸弹，投入到了西欧的绘画界。

为了让这幅作品得到人们的认可，毕加索邀请一些朋友来他的画室，希望能够传达这个来自另外一个世界的信息。但很遗憾，他们完全没有办法弄懂它、掌握它，唯一的反应就是震惊、慌乱，甚至是一些神经质的笑声。即便是最富有鉴赏力的画家，也摇着头叹息这是"法国艺术的一大沦落"。

这枚炸弹没有马上爆发，但随着时间的推移，《亚威农少女》最终被证明是这个时代最具力量、最具冲击性的一幅作品。

（三）

对于《亚威农少女》所遭受的非议，毕加索虽然提前有些预料，但没想到会遭到众口一词的责难。这简直让他惊呆了，他发现，自己将再一次面临挨饿的威胁，因为现在又没有人肯来买他的作品了。

这一回，毕加索才是真正站到了十字路口上。当然，他也可以轻而易举地恢复到原来的画风上去，那种画风和他目前的创作水平，也足以让他成名，进入优秀画家的行列。相反，如果继续往前走的话，那无疑将是一条孤独的冒险之路。

不过，也不是每个人都鄙视《亚威农的少女》，有两个人就是例外。一个是德国评论家兼收藏家威廉·伍德，另一位是与他持同样看法的朋友亨利·肯惠拉。肯惠拉也是德国人，28岁，十分喜爱塞尚和高更。他本来能有一个飞黄腾达的财政家的前程，但他爱画成癖，不顾一切来到巴黎做画商。

刚到巴黎时，肯惠拉并不认识什么法国画家，后来就拜老画商保罗和富拉尔为师，并在玛得连附近的威农街开设画廊。

当肯惠拉得知毕加索创作了一幅叫《亚威农少女》的新作品时，便在一天凌晨找到了毕加索。刚好富拉尔也在那里，他们昨天刚刚见过面。肯惠拉后来叙述了这次对他来说十分重要的会见：

> 毕加索所过的日子，贫困得令人吃惊。他以难以置信的勇气生活在那种贫穷和孤独的环境之下，他的身边只有奥利维亚这位美丽的女人和他们俩养的狗弗里卡。
>
> 我并没有发现我想要的亚述特色的绘画，但我却发现了我无法加以称呼的奇特作品，这种近乎疯狂的风格让我深深地感动了。我立即预感到，这将会成为一幅很重要的画作，它就是《亚威农的少女》。

由于对《亚威农的少女》的真知灼见，肯惠拉与毕加索成了好朋友。64年后，法国总统蓬皮杜在毕加索的90岁大寿宴会上，还盛赞了肯惠拉，因为是他第一个发现了《亚威农的少女》的真正价值。而后来肯惠拉之所以成为西方艺术市场的大腕，也是毕加索为他奠定了基础。

后来有人问肯惠拉：

"究竟是什么令你感到那是一幅很重要的作品？"

肯惠拉回答说：

"我也不知道，但我当时就强烈地感受到了这幅作品其中的戏剧性和故事性。"

后来，肯惠拉从毕加索那里买下了《亚威农的少女》的全部草图。可惜的是，当时的画作还没有完成。

此后，这幅画就一直放在毕加索的画室里，毕加索再也没有动过这幅画，也没有把画卖给肯惠拉，不知是因为肯惠拉出的价格太低，还是因为毕加索在一片嘲笑的声音中已经开始怀疑自己了。如果从一般的角度来分析的话，应该是后者的可能性大一些。因为从毕加索的生活经历中，我们也能看出他作为世俗之人的一面。而且对一个年轻的画家来说，这也是很自然的。

　　直到1920年，这幅画被雅克·杜凯买去，并将它挂在陈列馆的显要位置。

　　1925年，布列顿将它刊登在《超现实主义的革命》杂志上，使它第一次向公众展示出来。

　　有一次，一群崇拜新花样的艺术青年去请教毕加索，问他，如果按照立体主义画派的原则，画人的脚时该画成圆的还是方的。毕加索以权威的口气回答说："自然里根本就没有脚！"

第九章 开创立体主义画风

我从不寻找，我只是发现。

——毕加索

（一）

在1906年的时候，毕加索由于注意到野兽派的画风，与野兽派的"主将"勃拉克相识了。两个人都很欣赏彼此。

在1907年毕加索完成《亚威农少女》后，勃拉克也来拜访毕加索，欣赏这幅画作。

刚看到这幅画时，勃拉克并不看好，甚至完全不能接受它的观点。他和毕加索还为此争论了几个星期，最后还是不以为然地离开了。

然而等他走出毕加索的画室后，他渐渐意识到，毕加索是在进行一场革命。这虽然让他感到有些不舒服，但那是一种内心的震荡所带来的感觉，他承认自己从来没有如此激动过。

勃拉克回到家后，开始对毕加索进行全面的、审慎的、深刻的思考。他越是回味《亚威农的少女》，就越觉得那不是一件"疯子的产物"，那么理性的画面，那样巧妙的构图，线条隐晦，形体奔放……

"我们都太鲁莽、太不负责任了，这对毕加索是多大的损伤呵！"

勃拉克连夜赶到毕加索的画室，向他致歉和道贺。毕加索仿佛早已预感有朋友要来一样，他拥抱了这个比他小七个月的勃拉克。

勃拉克后来回忆说：

"这就好像两个登山运动员被绳子捆到了一起。"

如此的一件小事，居然成为立体主义的导火索。

在塞尚死后，他和他的作品受到了比生前更高的礼遇和更为热烈的欢迎，画家们每次探讨都不离塞尚，社会上也广泛流传着塞尚的各种奇闻逸事。这时，一个杂志发表了塞尚致埃米尔·倍纳尔的一封信，勃拉克和毕加索连忙找来翻阅，他们读到：

"一切自然物都应被还原成圆锥体、圆筒体及圆球体。"

这句话宛如一盏明灯一样，将毕加索昏暗的画室照得通明透亮。两个人会心地笑了，立刻明白该怎么做了。

勃拉克根据塞尚那句话的精神试图进一步分析自然，用面或块构建更新的自然。然后，他将六幅风景画兴致勃勃地送到了"秋季沙龙"。

然而，这几幅画全都落选了。

审查员马蒂斯大声地讥笑说：

"这岂不是用小立方体画出来的吗？"

这句话出自权威马蒂斯的口中，旋即便一传十、十传百，"立体主义"也因此而得名。

但是，这并没有影响勃拉克与毕加索在这条路上的探索，后来，他们的互相影响共同促成了立体主义的辉煌。毕加索的结构分析方法更加成熟，象征主义的特色愈益强烈，已经显示出独领一代风骚的才华和胆略。而勃拉克则更是彻底与野兽派决裂，完全钟情于立体主义运动，在这条路上他甚至比毕加索走得更远。

（二）

完成了《亚威农少女》之后，毕加索并没有停止在绘画艺术上的探索。随后，他又陆续画出了《奥尔塔工厂》《业余爱好者》《披纱的裸女》《母与子》《沃拉德像》等立体主义的作品。

在这些作品当中，毕加索继续不断地将立体主义的创作方法推向完善化和体系化。

这时，毕加索的立体主义依然没有得到太多人的认可，但它的魅力已经渐渐征服了一些人，比如勃拉克。

自从勃拉克对毕加索的《亚威农少女》认可之后，便经常到毕加索的画室，与他一起探讨画法，互相观摩对方的作品，并且坦诚地进行批评、分析。有时，他们还会共同创作一幅作品，故意不署名。由于毕加索和勃拉克的画风相近，很多人根本分不清是毕加索的还是勃拉克的作品，甚至有时他们自己都分辨不出来。

1908年，毕加索与勃拉克离开巴黎，到外地采风。

秋天后，毕加索到巴黎北部的"丛林幽径"消夏归来，带回了一些独特的风景画。这些风景画都是立体主义风格的作品。毕加索将画中的风景都用雕塑的形式来处理，一些不必要的细节则一概放弃，以突出强调特征。

勃拉克在马赛附近的雷斯塔克采风归来后，也带回了几幅风景画。他用简单的几何图案来表现风景，而色彩则被用来加强形式的立体感。

两个人的作品越来越有异曲同工之处，因而也被画家和评论家称为"画中的立体主义"。

1908年11月，亨利·肯惠拉在他的画廊中举办了勃拉克的立体主义画展。这次画展，也是毕加索和勃拉克对上一次举行的"秋季沙龙"传统画展的报复。在那次画展上，勃拉克送去的六幅风景画都被拒绝了。

首届立体主义画展取得了极大的成功，立体主义也很快就有了一大批的支持者、追随者和解释者。

在这些人当中，其中的一位是法国画家德朗，他是个很有才能的画家，也是一个引人注目的人物。德朗本来是1905年秋季沙龙野兽派团体的参展画家之一，对这一流派的发展做出过卓著的贡献。

然而，尽管德朗对野兽派的爆炸性色彩有着极大的热情，但他始终未能像野兽之王马蒂斯那样全心全意地投身于这一运动。他总是想将这种新的画风的试验性地纳入到他所固有的传统绘画理念中去。事实上，德朗是个学院派的画家，被卷入野兽派运动也并非他所愿。所以没多久，他就脱离了野兽派。

出自对塞尚的崇拜，1906年，他与毕加索成为朋友。后来，毕加索的立体主义画风也深深地吸引了他，德朗便加入到立体主义行列来了。

另一位是西班牙画家胡恩·格里斯，他也住在"洗衣船"大楼里，过着贫困的生活，靠给杂志画一些漫画度日。自从与毕加索相识后，他便开始探索立体主义画法。

还有一位是从诺曼底来的费尔南德·莱茹。他在与毕加索和勃拉克相遇不久后，就开始创作自己的圆筒形绘画，后来被人们戏称为"管子主义"。

有了一批立体主义画家，接着也就出现了一批立体主义作品的收藏家。斯坦因、肯惠拉、富拉尔等人，不顾一些人的冷嘲热讽，开始购买这些立体主义画家的作品，并积极地向其他画商推荐。

有一天，一位富有的俄国收藏家希什金前来拜访毕加索。

他来到毕加索的画室后，立即就被毕加索的画作震惊了：

"上帝，我从来没有见过这样的画！我要把它们全部带到莫斯特去，我的朋友们一定会大吃一惊的!"

想象着那些孤陋寡闻的亲友们看到这些作品时吃惊的样子,希什金就忍不住想笑。

最后,希什金买下了毕加索的50幅立体主义画作。

希什金的到来,不仅表示人们已经开始认可立体主义了,也意味着这将成为毕加索生活的转折点。从这一天开始,毕加索作为一个贫穷的画家的日子结束了,希什金给了他一大笔钱,他已经成为一个富有的艺术家。

(三)

1909年至1910年,是立体主义发展的第一个高峰。通过倾听自己内心的呼声,毕加索也看到了艺术上一些清规戒律的虚伪空洞。他曾对自己的好友莫里斯·雷纳尔说:

"人生的第一部分是同死人一起度过,第二部分是同活人一起度过,第三部分是同自己一起度过。"

很显然,毕加索所说的"第一部分"指的是学习,"第二部分"指的是实践,"第三部分"指的是思考。对于毕加索来说,这并不是什么时间上的承接关系,而是一个逐渐走向成熟的过程。此时的毕加索,其视野和心灵都不只停留在画的表面了,而是更加深入到一些人的本质问题上。因此,他的画面也不再只是一种色彩与线条的结构图,而是思想与感情的结构;画面中所具有的美也不再是自然的美,而是一种隐藏在结构深处的人性之美。

有意思的是,一开始,毕加索和勃拉克都不愿意接受"立体主义"这个名称。勃拉克甚至偏激地说:坚持立体主义的人,实际上都不是真正的画家;立体主义是评论界创造出来的一个术语,我们从来都不是什么立体主义者。

而毕加索对此说得更加明白：所谓流派，都是历史学家和评论家为了便于研究而炮制出来的，它们与艺术家的艰辛劳动一点关系都没有。凡·高真的属于后期印象派吗？后期印象派又能够说明什么？它远远不能概括凡·高。同样的道理，立体主义也远远不能够界定我们。但有一点是可以肯定的，那就是我们是献身于艺术的人。

所以，不论是否认可"立体主义"的称呼，毕加索和勃拉克还是在这条艺术道路上不断探索着。

刚开始的时候，某种程度的不理解肯定是存在的，因为毕加索的画并不是对一些已经存在人体、房屋或树木的模拟，而是为物体本身而进行的一种创造——一种既是对其本身价值，又是对其与其他物体之间关系的价值的叙述。在这种观念的再现中，原先的出发点——"真实"，一直都不曾消失，但毕加索所用的却是另外一种人让人难以读懂的语言。

换句话说，毕加索的这种作品，让他和同时代的那些人去理解是有困难的。即使是在今天，毕加索的那些语言对于那些想要把它翻译成为另外一种语言、想用文字来进行表达的人来说，还依然是非常困难的。

事实上，立体主义并非深不可测，也没有脱离现实。相反，它是遵循着现实事物特征的，表现出来的是客观世界的本质。

毕加索创作了一幅立体主义作品《富拉尔像》后，许多人都认不出其中的人物是富拉尔。但是，富拉尔朋友的一个四岁的男孩在看到后，便指着画像叫道：

"看，富拉尔先生在那里边！"

另一幅是威廉·伍德的肖像，在一种富于诗意的暧昧中，伍德先生的学者风度和古朴性格昭然若揭。英国画家罗兰特·潘罗斯一见即铭心刻骨，以至于25年后，他在一个拥挤的咖啡店里一眼就认出了伍德先生，而之前他们却是素昧平生。

　　这说明，毕加索已经将物体分解之后又进行了重新组合，但却从来没有脱离过现实。立体主义的可爱之处正是它的现实性，它不像后来的抽象派、超现实主义，盲目变形，不知所云。

**　　毕加索的画得到了世人的公认，他的画渐渐被收藏家们以高价收买，价格高得令常人却步。一天，一些好友到毕加索家里做客，发现毕加索家中墙上挂着的全是别人的作品。皮恩就问他："难道你不喜欢自己的画？""不是，恰好相反，"毕加索，"我非常喜欢，不过，它们太贵了，我买不起。"**

第十章 立体主义成为潮流之势

绘画的技巧成分越少，艺术成分就会越高。

——毕加索

（一）

1909年夏天，毕加索决定带着奥利维亚到西班牙的圣·雷恩花园去住一段日子。10年前，他在那里与巴斯一家度过了一段非常愉快的日子。10年了，他再也没有闻到那股久晒烈日、强劲四溢的泥土味了。

途中，他们回到巴塞罗那的家中逗留了几天，看望了毕加索的父母。

到了西班牙之后，曾经令毕加索感到愉快的小村庄又一次令他感到轻松和宁静。这里还是10年前的老样子：青翠的梧桐树高耸入云，四处成荫，刚刚从山上归来的农民和骡队穿梭其间。这一切都令毕加索感到身心愉悦。

毕加索的朋友买下了一所带有花园和山泉的小院子，毕加索和奥利维亚就借住在这里。尽管风景依旧，但毕加索的眼光却不同于往日了。

不久之后，毕加索就来到圣塔巴巴拉山，并将那里的风景收入到自己的立体派画作之中。

这些作品也展示了他一向想要达到的目标。现在，毕加索也逐渐看清了自己的发展路线，这条路线就是由《亚威农少女》一直走向完整的分析立体主义。

这段时间作品渐渐被人们所接受，加上他的周围环绕着乡野、热情和他所喜爱的气味，以及置身于老朋友之中的快乐，使他产生了比平时更加旺盛的创作精力。

在这里所创作的风景作品当中，《亚威农少女》中的那种动荡不安情感的色彩逐渐消失了，取而代之的是一种沉静的理性色彩。一系列以群山为背景的壮丽风景画，与他10年前所描绘的大相径庭，毕加索不再是复制风景，而是全部以几何图形来对风景进行勾勒，只呈现出最基本的形貌来。

在这些画作中，毕加索还将塞尚的多点透视和几何图案的运用推向了巅峰。所以，有的评论家将分析立体主义又称为塞尚式的立体主义。

在头像的方面，此时毕加索在绘画过程中所表现出来的分析立体主义也更加显著。在一幅奥利维亚的画像中，她的脸孔被打成许多弯曲的平面，背景中的盆花则呈现出严格的角面。另一幅画则是由直线构成的，后来回到巴黎，毕加索又立即着手铸造了一座铜像。这也成为毕加索创作出来的最为杰出的雕像。

毕加索从西班牙度假结束回到巴黎后，也带回了大量的新作。

刚刚到家，画商富拉尔就找到他，表示要为他这些刚刚出炉的作品举行一次画展，因为他看到这些画作与他所经营的塞尚的作品有着异曲同工的地方。

这次画展很成功。出乎所有批评家所料，立体主义有了更多的观众。毕加索身为当代最重要画家之一，其声名也远播至巴黎和巴塞罗那之外的地方，越来越多的外国崇拜者都拥到他的画室拜访，并纷纷出钱购买他的作品。

通常一些外国访客也会到斯坦因兄妹家中去，而毕加索和马蒂斯也经常在斯坦因家中见面。他们之间虽然会时常有些摩擦，却仍然相当尊重彼此。毕加索有时会对马蒂斯发出一些冷酷的嘲笑，但他却决不允许别人批评他。

有一次，一群人在斯坦因家中聚会，其中就有马蒂斯和毕加索。马蒂斯离开了一会儿，有人就问他近来的进展如何，毕加索说，马蒂斯想必一屁股坐到了自己的桂冠上了。

在场人中的大多数此时都想讨好毕加索，于是也开始攻击马蒂斯。谁知道毕加索却因此而变得非常愤怒，他大声喊道：

"我不准你们说马蒂斯的坏话，他是我们最伟大的画家！"

由此可见，他们之间在一定程度上还是惺惺相惜的。

（二）

1909年的秋天，变得富裕的毕加索也离开了"洗衣船"的小房间，搬到了附近克里奇大道的一座寓所中居住。

新的住所中有一间宽敞的画室、一间真正的卧室和一个大饭厅，甚至还有一间仆人房，后来毕加索还真的雇佣了一位女仆。

不过，毕加索也并没有完全离开"洗衣船"，而是将那里的画室当做仓库。

毕加索当穷画家的日子从此便一去不复返了。克里奇大道在塞纳河的南岸，属于巴黎的蒙巴纳斯地区。这时，基本整个蒙马特尔的艺术家都搬到这里来了，从而使蒙巴纳斯成为巴黎新的艺术中心。

新居的画室中堆满了毕加索收藏的各种东西以及他的绘画用具。只要是能够激发起他的好奇心，只要是他喜欢的东西，不管是什么，也不管搭配合适与否，毕加索都会统统弄回来。一时间，画室和房间里变得拥挤不堪。

女仆的工作很轻松，因为她发现，活干得越少，主人就越高兴，尤其是男主人不喜欢把什么都摆放得整整齐齐，而且还特别讨厌扫地，他害怕扬起的灰尘会将画面弄脏。

另外，毕加索和奥利维亚早上要睡到十一二点才起床。女仆为了不因为收拾房间而吵醒他们，也照着这样做了。

毕加索的一生都好像生活在一种混沌的状态之中，然而对他来说，相对于井然有序的世界，这种混沌的天地仿佛才是孕育意念和创作最为丰富的土壤。无序，就是他专有的秩序。事物所在的位置，就要依其当时的需求来定，如果按照外在的原则，反而显得勉强而不自然，思绪也容易受到影响。

此时的毕加索，每天忙于将他的立体主义向前推进，精神压力也比较大。他每天吃得很少，只喝白开水，但他搜集东西的兴趣却丝毫没降低。刚开始时，他只买一些有用的东西，如一张大铜床；而现在，他纯是为了兴趣而购买东西，比如一大张铺设有紫色的天鹅绒、一架没人会弹奏的风琴以及吉他、曼陀林、箱子、柜子和数不清的非洲雕刻等等。

这些东西堆积在他的画室中，形成了过度的拥挤和贫民窟似的景象，而这一切在毕加索看来，却是最为赏心悦目的景象。

经常出入毕加索画室的就是勃拉克。虽然他们的气质毫无相似之处，但工作起来却是无比和谐。在他们的手中，立体主义也变得越来越"分析"了，但它却绝对没有抛弃自然，原先的物体还是存在的，只是有时可以同时看到它的几个面而已。它们以画家所知道的方式存在着，具有一种超乎乍看之下印象的真实性。

这一时期的毕加索变得十分愤世嫉俗，一意孤行。当有人对他说，有些画家不喜欢他的画时，他就傲慢地回答：

"很好，我很高兴他不喜欢我的画，这就对了！"

1910年的年底，毕加索完成了《肯惠拉肖像》。这时，他对形式的探索已经取得了彻底的突破，而这幅画像也被人们看做是分析立体主义的典范之作。

在这幅画上，外形的分析已经有了很大的进展，以至于人物的面部特征虽然可以分辨，但同模特的相像之处却不如从前那样易于辨认了。毕加索将人的形象肢解为很多碎片，体积、色彩、透视等，统统让位于意念中的形态和画面的构成。尽管他认为自己的作品是破坏性的，但他仍然希望能够获得人们的反应和认可。他说：

"我总觉得，绘画必须在人的心中，甚至在那些不懂绘画人的心中唤醒某种东西。莫里哀、莎士比亚的戏剧就是如此，常有一些讽刺性和粗俗的东西。这样，我就可以与所有的人进行沟通了。"

对于所创作的《肯惠拉肖像》，毕加索对自己当时的内心斗争作过一番隐晦的陈述：

　　它最初的形式，看起来就像在烟雾当中升腾，但我如果画烟雾的话，就会让你用钉子把它钉住挂在墙上。于是，我又增加了一些东西：眼睛的痕迹、头发的波纹、一片耳垂、紧握的双手，这时，你就能捕捉到那些烟雾了。我把他们知道和不知道的东西都掺杂在一起，他们的思想就会伸向未知。

从毕加索当时的一些素描中可以看出他的立体主义画法的基本思路：先以一个易于辨认的人物开始，接着用直线来分割形象，使形象变成一些简化了的直线围住的平面，但始终会剩下某些线索，作为同对象的象征性联系。

这样，在观察这幅画时，人的想象力就会投入到一种虽然含糊不清，但却又确实存在的情景之中，而且，由于受到这种新的视觉情景富有节奏的激发，想象力也在寻找它新的活动范围。

（三）

到1911年底，毕加索与勃拉克已经将分析立体主义推向了发展的顶点。按照一般逻辑，下一步就应该将这种风格印象完全的抽象化了。但是，两人却没有采用这样的步骤，相反，他们选择了一种更为抒情、更为整体化的立体主义创造方法。

之所以这样做，是因为毕加索和勃拉克发现，如果继续走下去的话，立体主义就可能会沦为一种纯粹的、闭门造车式的视觉构成游戏，产生只为少数内行人欣赏的危机。

为了避免这种危机，他们开始在画中添加一些"写实性"的线索。比如，毕加索在一些瓶子的画作上添加的大印刷字母，就是这样的一些线索。

所以，在这之后，毕加索的画法也从单纯注意形式和结构向绘画中的各个方向转变，同时，从几个角度绘画的方法也用得少了，而是不时地将立体主义的空间和文艺复兴时期的透视空间融合在一起。

为了让更多的人认可并理解自己的作品，也为了让自己的作品不至于脱离现实，毕加索和勃拉克又开始寻找一种可以拉近画家与观众的距离，使观众能够接受并理解作品的表现手法。

有一天，毕加索到勃拉克的画室去找他，勃拉克正在用漆木纹的工具和洋漆作画。

勃拉克的父亲是一名房屋装饰和油漆工人，他把儿子送到巴黎来，就是为了让儿子学习一些制造大理石虚幻的表面或漆木纹的技巧。不过，勃拉克放弃了学习这些技巧，转而作了风景画家，但是，他那种油漆兼装饰工人的技艺却一直没有丢掉，并且还尝试着将这种技艺运用到自己的立体主义绘画作品当中。

毕加索看到勃拉克用漆木纹的工具作画后，很受启发。回家后，他也开始尝试用这种方法进行创作。

不过，毕加索简化了勃拉克的漆木纹和大理石纹的程序，同时想起父亲以前常将一些裁开的绘画别在画布上，以便探索新的立意的方法，于是，毕加索就拿起一块上面画有很逼真的藤椅图案的画布，剪成了他所需要的形状，贴在画布之上。然后，他又用油彩画上烟斗、玻璃杯和柠檬片，再写上仿真字母"JOU"，并用一条上好的粗麻绳绕成一个椭圆形，做成画框，围在画布的周围。

如此这般，一幅别具心裁的拼贴画便产生了。这就是著名的《有藤椅的静物》。

由于画面上被涂上了阴影和条纹，使得整个画面看上去都不是一个平面，而是一个立体的画面。

初次尝试的成功，给毕加索带来了极大的鼓舞。随后，他又开始尝试用日常生活中最为普遍的一些物品来创作立体画，从而让自己的作品更加接近于现实，易于被人们接受和理解。

于是，各种各样的物品，如报纸、钉子、麻绳、木片、纸片等等材料，都被毕加索巧妙地运用到了自己的作品当中。

比如，他用染上颜色的松木做成一把曼陀林琴和一支单簧管，贴在画布上面，再用炭笔对其进行描绘，一幅栩栩如生的静物画就产生了。

他还把细沙粒掺入到颜料之中，直接涂抹在画布上面，从而让作品呈现出凸凹有致的感觉，增强作品的立体感。

为了表现形的结构，突出自然的现实感，毕加索不仅采用笔、颜料和纸，还借助其他材料，用单纯的、朴素的和自然的直观方法来表现，从而让美术中的绘画、雕刻、剪纸、版画等手法高度地结合起来，创造出了"拼贴技法"。这一时期，也被人们称为"杂物立体主义时期"。

（四）

在1912年的整个夏天，勃拉克开始致力于各种炭笔素描，并试验一种新的技法。他买了一些仿木纹的壁纸，或者用手边现成的东西，比如报纸、乐谱、广告等。把这些东西剪成碎片后，再黏贴在事先完成的素描上。

后来，毕加索也来了兴趣，用同一种手法，在秋天完成了一批剪贴纸画。他写信给勃拉克说：

"我偷学了你用纸剪贴画的最新技巧。"

此后，剪贴画也迅速传开，引起了许多画家的兴趣。但对于毕加索和勃拉克来说，这种画法的重要之处，就在于能够通过将不同颜色的纸片同时贴到画中，重新将色彩带入以形为主的立体主义绘画中，并且通过不同色彩的相互重叠制造出深度感。

比如，毕加索在1913年所创作的《小提琴》，就是在画布上贴了一个中间有道缝隙的纸箱，代表小提琴的音箱，仿原木色调的纸则暗示了小提琴的材质是木头，小提琴的形状以炭笔画在作为背景的报纸上，琴弦则画在泛黄的条状白纸上。

人们根据毕加索和勃拉克等人的立体主义的形成和发展过程，通常将其分为两个时期：第一个时期是分析立体主义，大约在1907年到1911年期间；第二个时期为综合立体主义，大约在1912年到1914年期间。

在第一个时期中，在塞尚的影响之下，毕加索等人的重点是所谓的"破坏"对象，将自然形体分解为几何切面，再将其相互交叠，形成画面，弱化立体感，并降低色彩的表现，多用黑色、白色和棕色。这一时期的代表作品，通常认为是1910年毕加索创作的《肯惠拉肖像》。

接着，他们又用所谓"同时表现"的手法，在一个画面中同时表现同一事物的几个不能被人同时看到的面，比如人物的正侧两面同时表现等。而他们所创作的风景画，初看也犹如平面构成一般，没有丝毫景深的感觉。

画中的东西都被推到了前面，跳出了背景，如同堆积在一个盒子当中。

这就是立体主义的过渡阶段。对于形体应该分解到什么程度，他们认为，应该尽可能地分解，以不完全丢失现实痕迹为限度。

到了第二个时期，也就是综合立体主义时期，他们先是采用粘贴的手法，将纸片等东西贴在画布上，构成作品，有时还有实物；接着，又发展成为半抽象的色彩强烈的装饰画，并从绘画发展到雕塑、建筑及工艺美术等领域。

这种立体主义绘画风格虽然开始时不被人认可，但随着越来越多人的接受和理解，很快就在欧美各国传播开来。

1909年时，毕加索的作品展第一次在德国的慕尼黑举行。当时，俄国籍画家康定斯基正在慕尼黑学画。他将印象派、野兽派和表现主义的画风糅合在一起，创作出了许多形与色高度抽象的作品。这便是抽象主义出现的信号。而此时毕加索的画展无疑起到了催产的作用。

1912年，毕加索的画展又在英国伦敦举办，引起了巨大的轰动，并且也引起了人们的激烈争论。

从此，毕加索的名字便像天空中初升的明星一般，高挂在画坛的上空。到1914年，毕加索的《卖艺人家》以11500法郎的高价售出。

显然，立体主义的时代已经到来了。

第十一章 伊娃之死

成功太重要了！经常有人说，一个艺术家应该为自己、为对艺术的热爱而工作，而且要嘲笑成功。这是一个错误的观念。艺术家也需要成功，不只是为了生活，主要还是为了能够看清自己的工作。

——毕加索

（一）

丰裕的生活减轻了毕加索的精神负担，也改善了他的创作条件，然而，毕加索与奥利维亚之间的感情却发生了变化，两人也开始寻找新的爱情。

1909年的一天，斯坦因到毕加索的画室去找他，但毕加索却不在。这种情况很少见，因为毕加索的日常生活与他的绘画截然相反，他每天都循规蹈矩，很少外出。

于是，斯坦因就留下一张字条，约好了下次来的时间。

几天后，斯坦因再次来到毕加索的画室，毕加索依然没在。这时，斯坦因看到画室中央放着一幅新的画作。出于职业的本能，斯坦因走了过去，发现画的上方是一首爱情歌曲的乐谱，而这幅画的标题就叫做《我的丽人》。

结合毕加索最近的表现，斯坦因猜测，毕加索所画的"丽人"已经不是奥利维亚了。显然，毕加索是陷入了新的渴望和追求之中。

斯坦因猜得没错，此时的毕加索的确迷上了另外一位姑娘。这个女子斯坦因也认识，就是玛赛·哈恩波尔，又名葛艾尔。奥利维亚正是在斯坦因的家中认识了葛艾尔和她的前任丈夫波兰画家马尔库斯的。

马尔库斯是毕加索的朋友，因此平时也有来往，到1909年时，马尔库斯与葛艾尔与毕加索已经认识近3年了。

葛艾尔是个与奥利维亚截然不同的女性。她比毕加索小4岁，身材娇小，温文尔雅，容易激动也非常温顺。她和奥利维亚是好朋友，他们四人经常聚在一起闲谈或游玩。

渐渐地，毕加索就对葛艾尔着了迷。他比较着她与奥利维亚的不同，就越发觉得她的可爱、美丽。而几乎同时，奥利维亚又与一位意大利的青年画家之间发生了恋情，并很快就被毕加索发现了。

毕加索百感交集，他在给朋友勃拉克的信中说：

"昨天，奥利维亚和一个未来主义的画家跑了，对她我有什么办法呢？"

不过，对于毕加索来说，这也是他离开奥利维亚再好不过的机会了，至少在情感上他不会有更多的负疚感。

因此，就在奥利维亚前脚刚刚离开时，毕加索就带着他的新情人葛艾尔离开了巴黎，去了塞莱。

对于葛艾尔来说，自从她与马尔库斯一起生活后，应该说她是爱这个波兰画家的，而且马尔库斯也真诚地全部身心地爱她。但毕加索出现，并向她示爱之后，她平静的心就掀起了波澜。

毫无疑问，此时的毕加索已经是个很有成就的艺术家了，除了他的那令人目瞪口呆无与伦比的作品之外，他身上还有着一种无法说出的令女人着迷的魅力。在这种魅力的作用下，任何一个女人可能都无法抗拒。

在毕加索的爱情攻势下，葛艾尔终于抵挡不住了。而且，她还决定恢复她原来的名字，表示她决心与过去一刀两断。也就是说，从此以后，她爱的是毕加索，而不是马尔库斯。

她父母给她起的名字是伊娃·葛艾尔，毕加索惊喜地说：

"伊娃？多么美的名字！"

从此以后，毕加索就称呼她为伊娃。

毕加索的情变在他的朋友们中间产生了很大的反响，很多画家都不赞同他这样做。而支持毕加索与伊娃交往的只有一个人，那就是斯坦因。她说：

"毕加索这次是遇到真正的爱情了，你们拦不住他的。"

（二）

奥利维亚很快就对那个意大利青年厌倦了，她返回了克里希大街，可是毕加索不在那里。她又赶到塞莱，希望能与这个生活了8年的男人重归于好。

但是，无论奥利维亚如何哭诉、指责、愤怒、哀求，都无济于事了。此时的毕加索正与伊娃处于热恋期，丝毫都不再念及与奥利维亚的旧情了。他们之间已经结束了，其实在毕加索的心中，他们之间早就已经结束了。

回到巴黎后，伊娃不希望住在克利希大街的房子里，因为那里是毕加索与奥利维亚以前住的地方。于是，毕加索不得不委托好友肯惠拉在蒙帕纳斯区的拉斯帕尔大街重新租了一间画室。

拉斯帕尔是个很普通的地方，既缺乏蒙马特尔的艺术气息，又没有克里奇大街的繁华，不过，这也正是毕加索所看中的。他想与伊娃的新生活能够在一个适合于生活的地方开始，而不是在艺术与玩耍的地方展开。为了伊娃，他可以把那些浮名虚利都撇之脑后。

在同伊娃生活的这段日子中，毕加索的心情十分愉快。这是第一次，也是唯一的一次，爱情在毕加索的心目中占据了至高无上的地位。他在写给肯惠拉的信中说：

"我非常爱她！我要把我们的爱情画到画中，你就等着瞧吧。"

他爱伊娃，爱这里美丽的风光，爱这里明媚的阳光，爱花园中的无花果树和公牛。在这期间，勃拉克夫妇也搬到了毕加索住所附近的一幢别墅中。

这是一段田园诗一般的生活，按照毕加索的习惯，他会将他所爱的女人画成美丽动人的画像。此前此后，毕加索几乎把他所爱过的女人一个一个地搬到画布上。然而，在他的画中却从来没有出现过伊娃的完整形象。

据说，由于立体主义画法是要把人物肢解之后再拼凑起来，而毕加索认为，这样会伤害到伊娃的形象，他有时也是非常迷信的，所以不愿这样做。不过，虽然毕加索没有在画中直接表现伊娃的形象，但伊娃在提高他创作上的热情和激发他创新精神方面的作用是显而易见的。他的综合立体主义日趋成熟和完整，而且他在许多作品中也都题上了对伊娃的爱："我心爱的伊娃"。

此外，毕加索还使用一首流行的爱情歌曲的名字"我的朱丽叶"来称呼伊娃，题名多是"朱丽叶·伊娃""巴勃罗·伊娃"等等。

毕加索从克里奇大街搬到蒙帕纳斯区的拉斯帕尔之后，也标志着巴黎艺术界的中心从蒙马特尔转移到了蒙帕纳斯广场。

在广场的一边上，有一间名叫杜姆的咖啡屋，另外一边是个环形的咖啡馆，这两个地方很快就成了毕加索的主要社交活动场所。他的那些朋友源源不断地从世界各地来到这里，诗人、画家等等。其中有一个名叫托洛茨基的政治流亡者，每每都在这里大放厥词，与其他人热情洋溢地讨论着创造新世界的问题，以至于毕加索总怀疑自己的咖啡里混杂着这个人的政治谬论。

在这里住了一年，毕加索和伊娃实在待不下去了。于是，他们又搬家了，这次迁到斯科尔契大街的一处时髦的寓所中。但这里却比较荒凉，而且正对着蒙帕纳斯的公墓。毕加索就问伊娃怕不怕？伊娃平静地说：

"这有什么可怕的呢？墓地是人的家啊。"

如果我们相信宿命的话，这句话就成了伊娃对自己的谶语。正是在这所房子里，伊娃穿过毕加索温暖有力的臂膀和哀恸欲绝的目光，进入了这个人类永恒的"家园"。

（三）

陷入爱情中的毕加索与勃拉克的关系也发生了微妙的变化，他们不再像以前那样每日互访了，而且此后，他们的作品也有了自己的个性，尽管他们总的发展还是遵循着同一路线。

1913年5月2日，毕加索得到了父亲病危的消息。5月3日，父亲霍塞病逝。毕加索赶回巴塞罗那参加了葬礼。

无论怎样，父亲都是毕加索最为敬爱的人，也是他心中唯一的权威。现在，这个权威轰然崩塌，给毕加索造成了巨大的伤痛，使他的精神一度恍惚，以致很长时间都无法作画。

霍塞去世后，在毕加索的画作题材中消失多年的小丑又出现了。一直以来，小丑都是毕加索某种寂寞心境的象征。从"玫瑰时期"以后，小丑就未完全消失。

在1909年，有一幅悲伤的立体派小丑，用手支撑着头部。但在这幅画以后，一直到1913年的这次假期之间，就再也没有出现过这一主题。

这一次毕加索所画的，是这一系列作品中比较重要的一幅，但它却是一幅不太容易理解的画作：高度的立体主义，严格的规范，色调以暗黄和灰色为主，是一幅比较近于分析而非合成的画作，但还是能够看出那个老丑角——毕加索一生的"伴侣"。

从巴塞罗那返回巴黎后，毕加索参加了秋季的沙龙。在这期间，毕加索还画了两幅十分重要的作品，其中的一幅是《扑克游戏》，这幅画可以看做是他近来画风的归纳。

另一幅则更为重要，显示了色彩的再度涌现，并且暗示了立体主义的极限之外尚有一个奇妙的世界。这幅作品就是《穿衬衣的女人》。

在画完《穿衬衣的女人》后，毕加索又回到了立体派的主流上。此时他的观点又有了转变，剪贴式的物体更趋向于雕刻的性质，好像这些材料不再只是为了更加立体而浮凸出来，却是为了它们的本身而创作。

事实上，在那件几乎是平面的《小提琴》后的一系列作品，就已经成了不折不扣的雕刻形式。

1914年初期，毕加索的生活还是比较愉快的，这种愉快的情绪也出现在他的画中。一夕之间，立体主义的严肃性被大量的艳丽斑点所覆盖了：柔和的线条回来了，而仅剩的直线形上也着上了鲜亮的色彩。此外，还有一种赏心悦目的绿色，过去很少出现在毕加索的画中，而现在也出现了。总之，整个斑驳的画面都像是在跳舞。

这一年的夏天过去后，即使是毕加索这样的非政治人物，也势必能够听到远处传来的隆隆的枪炮声。8月2日，法国对德宣战，第一次世界大战在欧洲大地上卷起了滚滚浓烟。而法国的名画家们都必须奔赴前线，保家卫国。所幸的是，西班牙籍的毕加索能够得以留驻巴黎。

在车站的月台上，毕加索与勃拉克、德朗拥抱道别，他们都期待着战争能尽快结束，毕竟画室才是值得他们终生拼搏的"战场"。

"我去送勃拉克和德朗到车站去，"毕加索说，"我以后恐怕再也难以见到他们了。"

这可能是毕加索所说过的最为伤感的一句话。

此时，巴黎的情况也十分糟糕。肯惠拉是德国人，所以他的画廊自然被查封了；加上经济萧条，人心紊乱，毕加索的画也卖不出去了。而且，大街上的人们都在用一种愤慨的眼神死盯着毕加索，恨不得把这个躲在后方的强壮汉子赶到敌人的炮火底下去。

也就是在这个时候，伊娃感到了身体的不适，她不停地咳嗽。而且她几次告诉毕加索，她听到了炮声。毕加索也很担心，尽管他们离炮火还很远，但战争却时刻在折磨着伊娃羸弱的躯体。

伊娃的病情越来越严重了，伊娃自己也切实地感受到了这一点。她患的不是短暂的支气管炎或什么咽喉炎，而是和战争一样可怕的肺结核。她用厚厚的纸包住吐出来的血迹，塞进垃圾桶的底层；她不断地往脸上涂抹脂粉，以掩饰两颊日益增加的苍白。

不过，这样的掩饰也丝毫不能阻止病魔对伊娃的折磨，伊娃不得不住进医院。毕加索放下手中的画笔，每天都跑到医院去陪伴她，并尽可能地答应伊娃的各种要求。

1915年12月14日，伊娃拉着毕加索的手，微笑着咽下了最后一口气，容颜一如初见时的美丽、宁静、温柔……

在凄凉萧瑟的寒冬，伊娃的葬礼上只有七八个朋友。与毕加索广泛的交往比起来，这个数目实在是少得可怜。

伊娃的去世，令毕加索的悲哀与孤独感日益增加。他在思念伊娃的惆怅中，孤零零地度过了他一生当中最为伤感的圣诞节。白天，他拼命地画画；晚上，他拖着沉重的步子，戴着一顶黑白格的帽子，穿着一件旧雨衣，悄无声息地坐在一个角落里苦苦思索。

1916年1月，毕加索在写信给斯坦因时说：

"我可怜的伊娃死了……我感到极大的悲伤……她一直都那么爱我。"

伊娃的死，还有不断进行的战争，宛若泰山压顶一般，令毕加索难过得喘不过气来。

一次，在巴黎，毕加索和一个美国士兵谈起了绘画。士兵坦率地告诉毕加索，他不喜欢现代画，因为它们不真实。毕加索听后没说什么。几分钟后，这位士兵拿出他女朋友的照片给毕加索看。毕加索将照片拿在手里，故作惊讶地说："天啊！难道她只有这么一点点大吗？"

第十二章 新尝试与新体验

有些画家将太阳画成一个黄斑，但有些画家则借助于他们的
技巧和智慧，将黄斑画成太阳。

——毕加索

（一）

1916年时，第一阵战争热潮已经消退，许多巴黎的市民开始安顿下来准备新生活，因此，巴黎也很快就变得热闹起来，餐馆和剧院都挤满了人，大批的金钱在市面上流通。对于画商来说，这是个好兆头，黑暗的时期已经过去了。

在这一年，毕加索认识了作曲家艾瑞克·萨提和诗人戈科多。萨提当时是50岁，可能是那一时代最为前卫的一位作曲家了；戈科多则只有27岁，颇负盛名，但因为平时为人趾高气扬，没有人太喜欢他。

戈科多对别人的天赋极具鉴赏力，因此他想方设法说服毕加索和萨提与他合作一出巴黎舞剧。

戈科多对芭蕾舞很在行，俄国芭蕾舞团首次在巴黎演出时，他就与舞团老板迪亚基列夫有所接触。迪亚基列夫所领导的芭蕾舞团，被认为是20世纪最为卓越的古典芭蕾舞团。

所以，戈科多就说服毕加索，要毕加索为芭蕾舞画布景和设计服装。这对于立体派的画家毕加索来说，简直是一种亵渎。

不过，戈科多还是成功了，他说服了毕加索。

1917年2月，俄国芭蕾舞团正在罗马表演，因此戈科多就带着毕加索匆匆赶往意大利。这时，由戈科多编导的舞剧《游行》即将上演，毕加索承担了舞台装饰、布景、服装的全部设计工作。

在设计过程中，毕加索不是一味盲目地向观众推销立体主义，而是根据剧情的需要，同时使用了立体主义与古典主义的画风，将舞者设计成人们易于接受的平面人物，并用强烈的色彩画出舞台缎帐、丑角和马背上的舞者，但却将舞台设计成为具有立体感的空间，从而将观众带入一个现实与非现实的矛盾世界中，给人以强烈的视觉冲击，效果极好。

毕加索的到来，也是剧团相当长一段时间的兴奋点，他很快就成了青年人的核心。在这其中，就有两位才华横溢的人，他们是斯特拉文斯基和马希尼。

趁着在罗马的机会，毕加索还顺路访问了佛罗伦萨、米兰等地，他再一次受到古希腊、罗马艺术的熏陶。在那些原始拙朴而又富有生气的作品当中，毕加索领会到了"宁静的伟大与崇高的单纯"的深刻含义。从古典艺术中所获取的灵感，也令毕加索的创作前景更加别开生面。

在罗马，舞蹈演员们都住在万神殿后面的女战神饭店，而毕加索和迪亚基列夫则住在波波罗市场里的露西饭店。毕加索很快就对剧团里的每个人都了如指掌了，尤其是一些面貌姣好、身材高挑的女演员。她们每时每刻都来来往往，刮起一阵阵美丽的风，驱散了毕加索心头浓重的愁云。他自豪地在信中告诉斯坦因说：

"我有60名舞蹈演员……"

不过，有一件事他还是保密的，那就是他和芭蕾舞演员奥尔佳·柯克洛娃的暧昧关系已经渐渐成为团里公开的秘密了。也许这时的毕加索还没有足够的信心让奥尔佳爱上自己，所以才不想先在斯坦因面前吹牛。

每天，毕加索都要花很多时间奔波于女战神饭店和露西饭店之间，并且乐此不疲。奥尔佳·柯克洛娃是一位俄罗斯帝国军队上校的女儿，1891年生于乌克兰的涅金。她从小就热爱芭蕾舞，直到1917年才在舞剧《贤良淑女》中有了精彩的表演。但此时她已经26岁了，这个年龄对舞蹈演员来说，已经是即将退役的时候了。迪亚基列夫之所以还将她留在团里，并不是因为她的舞蹈专长，而是因为她的贵族血统可以提高剧团的社会地位。

在毕加索的潜意识中，少年时与表妹的初恋遭受挫折，就是因为他那庸俗的"出身"在作怪，这也令奥尔佳在毕加索的心中除了美貌之外，还增添了一层"贵族"的神秘。

奥尔佳长得很漂亮，长发披肩，从任何角度看，她都非常迷人。一开始，奥尔佳对毕加索的追求就猝不及防，所以很快被毕加索俘虏了芳心。

（二）

由于对奥尔佳的迷恋，毕加索对那个遥远的俄罗斯帝国也开始充满兴趣，热衷于俄罗斯的各种文化。

1917年春天，俄国爆发革命，沙皇的命运、人民的希望等问题始终牵扯着毕加索的注意力。但是，奥尔佳却一点都不欣赏那些放荡不羁的艺术家，对美术也毫无兴趣可言，最多也就是喜欢那些可以装饰在房间里的小玩意。

对于毕加索，也不知道为什么，她并不反感。奥尔佳的俄国味法语，毕加索的西班牙调法语，让他们彼此都觉得对方说话很有趣。

因此，在经过一番思想斗争后，奥尔佳还是答应了毕加索的求爱。毕加索十分高兴，他在奥尔佳的卧室里为她画了一幅《阳台》，将他的喜悦心情体现在这幅画中。这幅画也成为新古典主义与立体主义相结合的代表作之一。画中充满了阳光，立体主义风格的小提琴象征着充满了生命力、富有诗意的美好生活。

毕加索在这里度过了一段十分快活的日子。这里有做不完的工作，有热烈的掌声和欢呼声，有美丽的女主角和优美的意大利风光。所有的这些，都足以让毕加索流连忘返。

1917年5月18日，《游行》一剧在沙特来剧院上演。虽然闹哄哄的剧情令观众反感，但那富丽堂皇的布景和演员漂亮的服装却受到了观众的喝彩。如果说这场芭蕾舞剧是成功的，那么也是毕加索的成功。看过首演的观众，都将毕加索捧为世界美术界的人物，并将他介绍给具有极大购买潜力的上流社会人士。这场游戏令毕加索沉浸在一种节日般的气氛之中。

在罗马演出期间，毕加索与斯特拉文斯基还成了好朋友，这位伟大的俄国作曲家以《春之祭》和《火鸟》震惊世界。其非凡的创造力和卓越的才华也深深地吸引了毕加索。毕加索曾经声称讨厌一切音乐，一听到交响乐就头疼，只不过会哼唱两首弗拉门科舞曲。但现在，他却迷上了这位作曲家，并且为他画了大量的速写。

他对斯特拉文斯基的面孔十分感兴趣，厚厚的嘴唇，大提琴似的鼻子，一对突出的大耳朵。不久，斯特拉文斯基就带着毕加索为他画的肖像离开意大利去了瑞士。

然而在意大利的边境，哨兵在检查他的行李时，却扣下了这幅肖像，不许他过境。他们坚持认为，这不是肖像，而是一幅军事地图。斯特拉文斯基哭笑不得，他解释说：

"不错，这是地图，但是是我面孔的地图。"

可是哨兵却不听他任何解释，坚持扣留了这幅"地图"。

几个月后，迪亚基列夫率领舞团"南征"巴塞罗那，毕加索也带着奥尔佳随团回到阔别5年的家乡，受到了昔日老友的热情款待。

奇怪的是，此时此地，毕加索的创作完全没有了立体主义手法的痕迹，而是更加接近传统，似乎他根本就不曾画过立体主义的画作一样。画中的景物都是用极其写头的手法创作的。

毕加索的大部分时间都是在给奥尔佳画像，而且都是用写实的手法，画得可以说是优雅而高贵。奥尔佳也坚持让毕加索将她的画像画成写实风格的，有时她还坚持要披上一条披肩。由于手头没有现成的黑披肩，毕加索就干脆找来一条黑床单代替。

在1917年所画的《座椅上的奥尔佳》中，画中的奥尔佳手持西班牙折扇，悠闲地坐在绣花布椅上，俨然一位西班牙化的俄国女郎。她神情肃穆，那双黑色的眼睛中流露出一种不肯妥协的神情；一张平直而小巧的嘴，微微露出一丝笑意，掩盖了这种坚毅的表情。

一直以来都将毕加索看成是古典美的破坏者的人们，在看到这幅画时，不得不佩服毕加索那种以最富有人情味和最准确的形式来运用这种传统表现手法的熟练能力。

可能是因为母亲很喜欢奥尔佳，毕加索将这幅作品献给了母亲，老人珍藏了好多年，直到自己逝世，才托交给女儿继续保存。

（三）

迪亚基列夫芭蕾舞团又将要到南美去巡回演出。在动身那天，奥尔佳在码头与同伴们告别，因为她已经决定和毕加索一起去巴黎生活，毕加索已经决定娶她为妻。

1917年的圣诞节，毕加索画了一幅北国雪景，作为圣诞礼物送给奥尔佳。此时，新年即将来临，他很理解奥尔佳的思乡之情。这幅风景画以写实主义同立体主义相结合的手法，非常形象地描绘出了俄国的冬天：在一个乡村的土地上，覆盖着皑皑白雪，天空中群星闪耀。

不久，毕加索又将他新画的一幅立体主义的《吉他》和奥尔佳的相片寄给远在法国南部的斯坦因，信中说他即将同奥尔佳结婚。

1918年7月12日，37岁的毕加索迎来了他的第一次婚姻。他与奥尔佳在巴黎达鲁街的东正教堂里举行了俄国式的婚礼。诗人戈科多、艾波利奈尔、马克斯·杰克卜等人参加了他们的婚礼。

婚礼结束后，毕加索与奥尔佳便乘坐南方的快车去往风景优美的比亚丽兹，在拉米墨色雷镇的一座别墅中欢度蜜月。

这个地方距离西班牙只有20英里，由毕加索这一时期的画作来判断，这时他过得相当快乐。

在这一阶段，毕加索的一些作品是相当引人注目的，不只因为它们本身的性质，更因为它们显示出来毕加索又超脱到另一种表现形式，在其中的一幅作品中，至少画有12个人，而沙滩上面的女轻女子都是用线条画出来的轮廓，有一种线形的单纯之美。而沙滩上还散落着一些引人注目的石块，它们则成为超写实主义画家们频繁使用的材料。

蜜月归来后，毕加索和奥尔佳搬进了一座豪华的双层公寓，地处巴黎上流社会的第八区。随着居住环境的改变，毕加索的生活方式也发生了转变。他更多的时间是身着笔挺的西装，如绅士一般拿着一根手杖，举止文雅地出入于巴黎的社交界，不久就成了上流社会的明星。

而奥尔佳更是热衷于此，她将全部的热情和精力都用于社交，家里也被布置得精美豪华，摆放着许多样式美观的沙发以招待客人。

另外，她每天还要练习芭蕾舞以保持身材，一有时间就去定做晚会穿的礼服，购买无数的漂亮帽子，然后挽着她的名人丈夫，接受众人的注目礼。她觉得自己很幸福，这样的生活也是她想要的。

1918年秋，保尔·居诺姆为毕加索与马蒂斯举行了一次联合画展。但是，立体主义的信徒们对毕加索这一时期的新作中所运用的古典手法感到不满，他们叫嚣要把"只会抄袭"的毕加索开除出立体派。

面对蜂拥而至的责难，毕加索丝毫不在意，他幽默地说：

"抄袭别人是必要的，抄袭自己是可耻的。"

转过身来，他又对着戈科多哈哈大笑说：

"我终于把他们给甩开了。"

艾波利奈尔在画展目录上所写的序言，显示出了这位诗人对毕加索的深刻理解：

> 他改变了方向，看上去好像回到了原来的道路上，但这是一次更高层次的回归，是以更坚定的步伐向前迈进。他总是越来越伟大，总是通过研究未曾探察过的人性，或者与以往进行检验比较，来丰富自己。

在毕加索一生伟大的艺术实践中，他曾经受到过难以胜数的困难、挫折、责难、辱骂，但毕加索都义无反顾地挺过来了。除了他天才的灵感和顽强的意志支撑之外，还在于他总是有几个为数不多的知音。这些人在那个时代所表现出来的卓越才华与优秀品质，给了毕加索极大的信心。其中，艾波利奈尔就是最主要的一个。

不过，此时发生了一件令毕加索感到担忧又难过的事情，那就是他的朋友艾波利奈尔染上了战后像瘟疫一样席卷欧洲的西班牙流行性感冒，病得很严重。

毕加索痛恨疾病，而且这种感冒又极易传染，但他和奥尔佳还是在11月9日这天晚上出现在艾波利奈尔的床边。

不幸的是，艾波利奈尔很快就死去了。一个年仅39岁的人，居然没有撑过一场小小的感冒，这让毕加索感到很震惊。

回到家后，毕加索站到镜子面前，他整个人都愣住了，因为他仿佛看到了死亡出现在他的脸上。从小，毕加索就画自己的脸，到现在已经形成了一个可观的系列。可是从这一天——艾波利奈尔死的这一天开始，他就再也没画过一幅自画像。

艾波利奈尔去世时，毕加索正好37岁，这个年龄也正是拉斐尔、凡·高去世的年龄。如果毕加索也在这个时候死去的话，他身为创新者的声誉仍然会很高的，但英雄岁月的本身已经故去了。

因此，从这时开始，毕加索就一再改变自己的绘画、素描和雕像，不过这些都只是他个人的一些变革而已，因为他不可能再去打破那些早已被他摧毁的传统了。

此时，毕加索的艺术创新出现了巨大的进展，一种将人体扩展为巨大比例的独特作风。这些作品都应该并入他的新古典时期，但目前他还是继续从事立体主义的创作。

（四）

在第一次世界大战结束后，俄国芭蕾舞团又回到了欧洲。1919年夏初，迪亚基列夫再次邀请毕加索前往伦敦，为他的舞剧《三角帽》设计布景和服装。

这也意味着，毕加索摸索新方向的画作又要被打断了，不过毕加索还是答应下来，并很快投入到工作当中。

7月22日，《三角帽》在阿伯拉罕剧场首演。这一次，毕加索设计的布景轮廓简单，色彩朴实，布满了星斗的淡蓝色天空衬托下的粉红色和黄褐色的大拱门消隐了立体主义的深奥，充溢着西班牙夜晚的热情和激动，令观众欣赏起来毫不费力。

他的布幕受到全场喝彩，整出芭蕾剧进行得也极为顺利，观众们既鼓掌又高呼。《三角帽》的这次演出大获成功。人们也送给毕加索一个有趣的称号——"魔术师毕加索"。而这一结果，也令毕加索接触到了一大群富有而喜欢举行宴会的人，他自己对宴会的兴趣也日渐增高。

在1919年到1920年期间，毕加索便盘算着另一出芭蕾舞剧《丑角》。这是个纯粹由18世纪的喜剧演变出来的剧作，很合毕加索的胃口。

1920年5月15日，这出在巴黎首演的芭蕾舞剧又获得了巨大的成功。迪亚基列夫说，这是极少数由几个部分结合，而最终能够令人满意的整体表演之一，并且称之为"毕加索的奇迹"。

人们对这出芭蕾舞剧的赞美，有许多都落在了毕加索的身上，他也因此而成为巴黎最为引人注目的人物之一：他频繁地出现在各种鸡尾酒会上，参加每一场首演典礼，在奥尔佳的陪伴下不断赴宴……

1920年夏天到来的时候，毕加索那过人的精力也被他的工作、鸡尾酒会和各种晚宴磨得差不多了。无论是富翁还是一个穷画家，毕加索的本质都是一个艺术家。他不会迷失在纸醉金迷之中，因此，他开始怀念起地中海的日子，于是便与奥尔佳南下度假。

6月的时候，奥尔佳怀孕了。当情况越来越明显时，毕加索对"母性"的题材又产生了兴趣。

以前，毕加索也曾经画过许多深刻的母与子题材的作品，常常都是一些年轻而脆弱的女人，美丽而出奇地优雅，但大部分的画作都是对社会的批判。

然而，现在这种批判已经逐渐消失了，因为现在他的思想已经上升到了另一个层面。所以，现在他所画出来的女人都有巨大的形体，而且不太年轻，并有着粗硬的大手和大脚，就像神一般超然独立。

这年的秋天，毕加索带着奥尔佳回到了巴黎，并开始从事另一芭蕾舞剧的设计。这部舞剧是由法雅作曲，有着传统安达卢西亚歌曲和舞蹈的《弗朗明哥》。毕加索的布景和服装设计与法雅的音乐一样传统：所有元素都极富娱乐性，并不企图达到什么高水准。

演出遭到了观众一些恶劣的批评，不过毕加索根本无心理会，因为就在首演的前几个礼拜，也就是在1921年2月4日，他可爱的儿子保罗降生了。

毕加索对自己的这个"复制品"十分感兴趣，每天都要给小保罗画素描，而且没有一张是完全相同的，可见他是详细地记录了儿子的生长变化过程。

与此同时，一整个系列的巨大、神圣的母性作品也开始出现。

第十三章 超现实主义的出现

> 无论我在失意或是高兴的时候，我总是按照自己的爱好来安排一切。一位画家爱好金发女郎，由于她们和一盘水果不相协调，硬是不把她们画进他的图画，那该多别扭啊！我只把我所爱的东西画进我的图画。
>
> ——毕加索

（一）

儿子诞生以后，毕加索在很长一段时间都将精力放在家庭中。由于孩子还小，这年夏天他们也没有外出度假，而是到离巴黎不到40英里的一个地方度过了这个夏季。

那个地方相当大，足可以让毕加索远离婴儿的哭闹。不过，这段时间他都是耐着性子待在家里，一遍又一遍地画着这幢别墅的内部，用一只特别细的铅笔，带着一种温和的嘲讽，画下房间中每一个微不足道的细节。

在这段时间里，给予毕加索大量创作灵感的，就是那个迷人的小天使。毕加索已经40岁了，他怀着强烈的好奇心观察着他的儿子，初次体验了做父亲的快乐。因此，他画了大量的脉脉温情的母亲与婴儿的素描，表达了做父亲的骄傲，也记录了爱子出生后的成长变化。而且，每幅画作上都题上了日期，有些就连作画的具体时间都记上。这一幅幅作品，就像是一篇篇日记一样，详细地记录了小保罗的成长足迹。

也正因为有了孩子这个催化剂，毕加索在这一阶段画了大量以妻子和儿子为模特的作品，这就是著名的《母与子》系列画作。

母与子的主题自从蓝色时期以后，此时再一次成为毕加索艺术舞台上的主角。在这些画面上，前几个月的新古典主义人物和身体巨大的女子，都流露出一种新的满足的深情，隐匿了他青年时代表达母性作品时的那种伤感。画面上雕塑一般的简练手法，使得人物具有一种平凡而宏伟的感觉。

1923年，毕加索又在巴黎郊外的枫丹白露买了一座别墅。这里靠近大海，是个著名的疗养胜地，毕加索带着妻子和儿子来到这里居住。

一家人常常到海边游玩，躺在柔软的沙滩上，看着蔚蓝色的天空以及海滩上嬉戏奔跑的人们……

汹涌澎湃的大海给毕加索带来了如潮般的创作灵感，他也挥笔创作出了《在海滩上奔跑的女人》《海边人家》《泉边的女人》《信》《吹笛人》等作品。画中的人物巨大、丰满，充满了旺盛的生命力。

这些画作显露出了古罗马雕刻的痕迹，也充满了古典主义的风格。

做了母亲的奥尔佳将自己的全部精力和关爱都放在了小保罗身上，虽然家中请了保姆、仆人，但作为母亲，她时刻惦记着孩子，这在一定程度上也就忽略了毕加索的情感需求。

毕加索本来就是个感情奔放的人，自己又像个大孩子一样，时刻都需要人关心、照料，而奥尔佳却没有注意到这一点。而且，随着孩子的降生，奥尔佳的地位也日益巩固，她开始讨厌毕加索那些不修边幅的朋友，因此，她就千方百计地阻止毕加索与过去的那些朋友来往，有时甚至达到一种歇斯底里的地步。

毕加索对奥尔佳的蛮横感到十分苦恼和不安，渐渐地，他与奥尔佳的感情也出现了裂痕。就这样，充满柔情的《母与子》系列画作就这样结束了。

但与此同时，毕加索还画了两幅非常相似的大幅作品，通常被认为是综合立体主义的归纳与最高成就代表。这两幅作品都叫《三个乐师》，都是画着三个乐师戴着面具在一张桌子后面坐成一排。其中的一幅比较昏暗，一个小丑还吹着管乐器，另一个小丑则弹奏着吉他，一个僧侣拿着乐谱，还有一只狗躺在桌子下面。

另一幅画里面，两个小丑交换了位置，原来弹吉他的那个小丑现在拉着小提琴，僧侣则拿着一个手风琴，狗不见了。

两幅作品都遵守着严格的立体派教条，空间由平的、大致是直线所构成的一些画面组成，所有色彩也比较鲜明。如果不是用了许多蓝色的话，应该是比较欢快的。

这两幅作品中，有智慧，有快乐，也有黑暗与恐惧，反映了毕加索此时生活中的矛盾——做父亲的快乐，看着儿子成长的骄傲；对奥尔佳愚昧和诱惑的痛苦，他是被硬塞入这个虚拟的世界的。

这两幅《三个乐师》是毕加索1921年的最重要立体派作品。有人认为，它是介于以往的成就和其后毕加索新古典人物画之间的分界线。

（二）

1923年的夏天，毕加索结识了一位名叫布莱顿的人。他当时27岁，是个正等待出世的猛狮一般的人物，一个声誉极佳的诗人，并且是个达达主义者。

达达主义厌恶已经建立的制度，希望可以毁灭这种制度；在艺术方面，他们抛弃一切已经存在的观念，用不合理来代替合理，将思考和表现完全分开。

毕加索生性好奇，对达达主义的各种活动也充满兴趣。没多久，达达主义者就发现，他们想要用来摧毁一切心智产物的武器原来还是心智本身，这令他们张皇失措。于是，他们开始互相争吵、指责，并且感情激动地咒骂自己的前辈同道。

这是1922年的事了，但从它的灰烬中却升起了更为引人注目、更具有积极意义的超现实主义，这个运动在1924年的宣言就是布莱顿所写的。

毕加索对超现实主义充满了兴趣，而超现实主义也声称毕加索是他们的先知。他们把《亚威农少女》翻印在《超现实主义》的杂志上，并指出《穿衬衣的女人》也是他们的哲学先驱。

到1924年的夏季，毕加索的作品中除了高瘦、美丽的优雅女人以及或坐或立披着长袍的人物画像之外，那些古代的世界、乐器、牧神、半人兽等，都不再出现在他的画室里了。事实上，这一年也是他新古典时期的结束。

1925年春，毕加索的《三个舞蹈者》诞生了。这也是毕加索对人体狂暴肢解的开始，薄片一般的造型，炫目刺眼的色彩和令人错愕的动作，是画中人物的一致特点。

在画中，左边的女人头向后仰；中间的女人则高举双臂，如同一个十字架；右边的人物则像一个男人阴暗的侧影，像钉子一般的手正拉着他对面女人的手。

这三个舞蹈者就像受刑一般，面孔扭曲，被欲火或疯狂折磨的畸形身躯，肆无忌惮地跳跃着，显示出一种不可名状、撕心裂肺的暴力。令人恐怖的面容、像动物鬃毛一般的头发、铁钉状的指头——这一切都令这幅画充满了世界末日般的梦魇。

毕加索似乎想用这种结构上混乱不堪、表情神魂颠倒的人物，来表达他内心世界的愤怒，超现实主义的主张也诱发他放手表现自己潜意识中的东西。这也拉开了毕加索艺术上的一个新时代的序幕，超现实的"怪物"将成为他艺术舞台之上的另一个重要部分。

在家庭当中，毕加索与奥尔佳的矛盾也日渐加深，甚至已经到了一种尖锐的对立程度。他们相互成了对方的地狱，以至奥尔佳稍有不顺心就对着毕加索大喊大叫一通。她甚至会冲入他的画室，打断他正在进行的创作。如果毕加索夺门而出，她会不顾自己的教养而追出去尖声叫骂。

这一切都让毕加索觉得自己生活在地狱当中，逼得他发疯，最后表现在作品当中，便是暴力的迸发。

1926年，毕加索创作了《吉他》这幅画，便是他内心暴力的显现。这幅画是他用破布、琴弦、油漆和裱糊纸创作而成的，还有17颗钉子，钉子恶毒地刺穿画布，钉尖直指观众。他甚至还想在画布上粘上刮脸的刀片，谁碰上它都会鲜血直流。

没有装饰性的曲线来缓和残酷的冲力，也没有色彩的美，这幅画表现出一种挑战性的和强有力的愤怒，活像毕加索骂出来之后才能宽慰的一段咒语一般。

毕加索曾经说过，他的作品就是他的日记。因此在这个时候，他画中开始出现的怪物必然具有一定的现实意义。

后来据了解奥尔佳的人说，奥尔佳患有慢性精神病，但又无法获悉是什么原因导致她的精神情况出现恶化。

当然，奥尔佳也并非是毕加索这股暴力的唯一源泉，另一个诱因就是超现实主义对他的影响。

（三）

短暂的幸福过去了，奥尔佳在毕加索心中的形象已经不再优雅，相反，她已经变得更加接近于一种超现实的变形。毕加索将她画到画中后，她就变成了躯体坚硬、有着锋利爪牙的食肉魔鬼。

此时，在许多以奥尔佳为模特的画作中，毕加索生动地反映出了自己那份已经发生变化的感情。

　　1927年1月，毕加索又创作了一幅《睡在摇椅上的女人》。画中是一个怪诞扭曲的人形，猪鼻状的脸孔向后仰，满是牙齿的嘴巴张得极大，可能正在打鼾。而这个女人的身躯仿佛是一个带有残酷死亡陷阱的变形虫，整个轮廓都是一圈强硬的线条，就像是由染过色的玻璃切片连接起来的一样。

　　1927年的夏天，毕加索外出度假期间，又画了几幅怪物女人画像，包括一幅怀有惊人恶意的《坐着的女人》。这幅画中的女人身体结实、呆板，又富有侵略性，看起来像用一堆石头凑成的、危如累卵的无血无肉的巨人。

　　这年夏天，毕加索还开始计划着做一些纪念雕像，这将是一些巨大的构筑艺术。他画了很多草图，上面的大型人物看起来似乎是用骨头做成的。有人说，这时毕加索的绘画已经进入"骨骼期"。不过在秋天回到巴黎后，他并没有着手去实行这一计划。

　　不过，雕像的感觉已经深入到毕加索的思想当中。1929年夏天接近的时候，"怪物"与"骨骼"人形终于合二为一，形成了毕加索最骇人也最动人的画作之一——《坐在海滨的女人》。

　　画中的女人身体看起来就像是用光滑的白木做成的一样，而脊椎骨的关节又历历可见。她侧着坐在沙滩上，手连在一根弯曲的膝盖上，一只紧张的手臂与地平线平行，起皱的手肘是唯一证明她有血有肉的暗示。

　　她没有真正的躯干，胸部也是一个单一的斜面，朝着海洋的方向突出，而腹部却并不存在。

　　在头部，她的鼻子呈尖锐的三角形，眼睛就像两只无色的昆虫的眼睛，脸的大部分都被颚部占据着，而颚部又是向两旁移动的，像昆虫一样，令人一下子就联想到那些可怕的猎食者——螳螂。

　　她背对着纯净的海洋与天空，以一种奇怪而恐怖的优雅的姿势端坐着。她看起来并不邪恶，只是天性饕餮无厌。

　　这幅画看起来既平静又极端猛烈：说它平静，是因为那些阳光照耀的有色平面；说它猛烈，则是因为那潜藏在里面的威胁。

　　作为一个画家，毕加索一定很满意自己的这幅画作；而身为一个男人，他也一定看到了那个正大大地张着的下颚。不知道毕加索是不是要表达这样一个主题：在婚姻中，该是他逃跑的时候了！

→　　**有一次，毕加索到巴黎参加一个世界性的同时代画家的画展。参观后，主办人问他有何感想。毕加索不假思索地回答："我觉得，世上的人绝不像他们画的那样坏。"**

第十四章　婚姻的破裂

要说怎么做才能获得一些自由，那就只能释放自己内心的一些东西了。即使这样也不能持久。

——毕加索

（一）

家庭的纷争困扰着毕加索，家给他带来的不再是温馨和快乐，而是不断的争吵和苦恼。毕加索想与奥尔佳离婚，但离婚就意味着他要失去一半的财产，包括他创作的那些作品，那是毕加索绝对无法忍受的。

离婚不成，毕加索只能逃避现实，离开奥尔佳。在这种烦躁的心情之下，他创作了《多拉与米诺陶》。

米诺陶是个半人半牛的怪物，取材于希腊神话。在古代的寓言当中，米诺陶是生活在地下迷宫里的吃人怪兽。

画中的米诺陶正在逃命，它巨大的脑袋与腿混在一起，难以分辨。这个形象正是当时毕加索生活的现实写照：为了逃避奥尔佳，排遣自己的痛苦，毕加索选择了逃避，但他的内心又十分痛苦。

1930年，毕加索又创作了《耶稣受难像》。这幅画不是旁观者看到的景象，而是被钉在十字架上的耶稣看到的景象，人们没有同情与怜悯，甚至连圣母玛利亚也是怒气冲冲，一脸的凶相。

与奥尔佳的日渐疏远，使毕加索的心情十分沉重。他在许多活动中都不止一次地表露出，他总是在寻求办法解放自己。

尽管毕加索有时发现自己没有往常的那种想要创作的迫切愿望，但他也从未中断过画画，只是比平常少了一些。这可以认为是毕加索在婚后几年遭遇感情打击的一种迹象，不过，工作就是他的生命。像以往一样，每到危险关头，他的机智都能让他发现新的表达方法。

这一时期，弗洛伊德的潜意识理论正在欧洲盛行，并对文学、电影、美术等各个领域产生了极大的影响，进而形成了各种新的艺术流派和形式。一些艺术家受弗洛伊德的影响，主张艺术家应该借助存在于人的意识之外的潜意识冲动来进行创作。

弗洛伊德的潜意识大受毕加索的赞赏，他很快就将弗洛伊德的潜意识理论运用到绘画的创作之中，创作了一些极具梦幻色彩的作品，如《接吻》《躺着的浴女》《海滨群像》《画家与他的模特儿》《划船的少女》等等。

这些超现实主义作品都充满了疯狂的幻想，人物也极度扭曲，反映了毕加索当时愤怒、痛苦和绝望的心情。

在艺术创作上，毕加索从来都是不拘一格的。1930年，他接受了富拉尔的邀请，为巴尔扎克的《无名的杰作》设计插图。

这篇作品讲述的是一位画家费了多年的工夫创作了一幅杰作，画中是一位美丽的少女。画家将自己的这幅画深藏起来，因为他已经深深地迷上了他所创造的少女。

《无名的杰作》令毕加索极为震惊，因为在同奥尔佳的感情破裂后，毕加索也正被一位美貌的少女所吸引。他现在的情形与巴尔扎克作品中的人物是多么相像啊！

毕加索此时所迷恋的少女名叫玛丽·泰莱斯，两个人相识于1927年1月。泰莱斯也不懂艺术，她热爱体育运动。但她的青春和力量给毕加索的生活注入了一股新的活力。

与泰莱斯交往期间，毕加索为她创作了许多肖像画，而且这一阶段所创作的作品形象也都是平静、完整而健康的，如1932年所创作的《梦》《沉睡的女子》《照镜子的女子》等等，这些睡眠中的形象都表现为安全、宁静得没有任何棱角的状态。可能从这个时候开始，毕加索在不幸婚姻中所造成的坏情绪才逐渐好转起来。

（二）

1932年，是毕加索在画室之外最忙的一年。除了绘画之外，他还用财产中的一部分买下了一座古宅。这是一座17世纪或18世纪的建筑，距离巴黎约有40英里远。

与当时的许多古宅相比，这座古宅可能没什么特别之处，但它却有许多附属性的建筑，如马厩、空房和马车房等，足以作为雕刻家的工作间之用，能够容纳下毕加索随时会创作出来的巨大雕像。

此外，毕加索还在为即将在这年夏天在巴黎举行的个人作品回顾展览精心地准备着。为了这次画展，毕加索投入了很多精力，因为这一次画展比以往的任何一次都重要，是对他现有成就的一次真实而具有代表性的展出。

到目前为止，巴黎人所看到的毕加索都是零碎的。此时的毕加索已经50岁了，声名大多都出自人们的传闻，而不是基于一个稳固的、广泛的赏识。

为此，他很希望能够通过一次真实的画展让公众真正认识自己，认可自己的作品，让人们知道自己并不是徒有虚名。

1932年6月15日至7月30日，毕加索的个人画展在巴黎开展。毕加索从自己的收藏当中搜集了200多件作品，囊括了蓝色时期、玫瑰时期、立体主义、综合立体主义、新古典主义等风格的作品，还包括一些怪物、《耶稣受难像》以及最近的一些生活记录等。

在展览开始前，他还亲自到现场去监督悬挂它们，并将雕刻的作品都安置在适当的灯光之下。

这次展览获得了极大的成功，也奠定了毕加索成为20世纪重要画家之一的地位。

不过，这种巨大的荣誉感带给毕加索的快乐也没有维持多久，不仅因为与奥尔佳之间的恶劣关系，还因为在1933年发生了一件让他始料不及的事：毕加索的第一任女友费南尔多·奥利维亚出版了她的回忆录——《毕加索与他的朋友们》。

事实上，这本书也算不上什么特别令人不快的书，因为书中并没有尖刻、义愤之词，也没有对毕加索的贬低和斥责，而是心平气和地娓娓道来，其中也有不少对毕加索性格的描述。

但毕加索却难以容忍这种行为，因为他认为自己神圣的隐私遭到了亵渎。他企图阻止奥利维亚这本回忆录的出版，但却无济于事。

多年后，与毕加索交往过的另一位女性弗朗索瓦·吉洛也写了一本回忆她与毕加索生活的书，同样引起了毕加索强烈的不满。

通过这些情况可以看出，毕加索其实在意的并不是别人写他什么，而是认为他的生活只能由他自己来诠释，自己怎么样都可以，但就是不允许别人来诠释他的生活。

8月，从度完假回到巴黎，毕加索开始画一些以斗牛为背景的作品。这些作品可以称得上是野蛮的图画，上面有马匹、野牛或女性斗牛士，并常常都是一片混乱地扭动着肢体。这一类画作一直持续到1934年。

（三）

1834年，玛丽·泰莱斯怀孕了，这令毕加索既兴奋又心乱如麻。对于奥尔佳，他必须尽快摆脱。

毕加索此前没有任何离婚的经验，当听取了别人的法律忠告之后，他发现自己的情况复杂无比。但他顾不上这么多了，只希望能够尽快解决这个麻烦。

倘若将毕加索的作品也估算为财产的话，那么计算起来他的财产数额的确很大。奥尔佳和她的律师自然希望是这样的，因此在判决之前，他们便将官方的封条贴在毕加索画室的门上，让毕加索在案子结束之前无法碰到自己的作品。

1935年7月，奥尔佳终于与毕加索直接谈判了，离婚大战也有了分晓：他的画虽然没有被奥尔佳夺走，但奥尔佳却得到了极大一笔津贴和一处房产以及保罗的监护权。

此后很长一段时间，毕加索都不愿意到他的画室去，因为那里的一切都会令他想到过去以及令他忧虑至极的种种过程。

不过，在这期间，也有一件令毕加索感到愉快的事，那就是他和泰莱斯的女儿出世了。他给这个女儿取名为玛利亚，爱称玛雅。

毕加索十分喜爱这个女儿，并给她画了大量的画像，就像以前喜欢为儿子保罗画像一样。玛雅一出生，就与毕加索长得十分神似，一双乌黑的眼睛炯炯有神，总是喜欢抱着一个大布娃娃。这一切都进入了毕加索的画中。

女儿的到来，也让毕加索的心情变得渐渐愉快起来，以至于他对泰莱斯的热情也迅速升温。这段时间里，他创作了大量美化泰莱斯的抒情一般的肖像画，画中的泰莱斯头戴一个美丽的花环。

这些画作的古典味很浓，尽管它们有一些温和的立体主义变形。从中也可以推测，毕加索又一次从他的创作对象那里获得了快乐。

1936年的春天，巴塞罗那举行了毕加索在西班牙的第一届大型作品展览，并先后又在西班牙的三个城市展出，受到了年轻一代的追捧。

在巴黎，毕加索的声誉也因为举行了三个近作展而又一次得到了巩固。前来参观画展的观众们，在毕加索的画前都惊羡不已，深深地折服于这些画作的力量之下。

大约也就在这个时候，法国政府第一次派代表来挑选毕加索的作品。后来，毕加索对一位画商朋友讲述了代表们的来访：

他们来了四个人，我给他们看我的一些油画，我认为最好的油画，但他们要的却是蓝色时期的画。我们还含糊地定了一次我根本不愿意赴的约会。

在1930年到第二次世界大战爆发的1939年期间，在诸多国家举行的大型毕加索作品展览会就有50次之多。这也令毕加索的声誉不仅在法国和西班牙，而且在美国、瑞士和英国等国家，也都是有增无减。

第十五章 《格尔尼卡》

我从不寻找，我只是发现。

——毕加索

（一）

毕加索虽然平时定居在巴黎，但他一直也没有加入法国国籍，而是始终以一个西班牙人自居，并且时刻关心着西班牙的命运。

1931年，西班牙人民在民主革命中推翻了君主制度，建立了共和国。

1936年，人民阵线在西班牙国会选举中获胜，成立了以左翼共和党人为首的共和国政府。

这个消息传到巴黎后，毕加索与所有西班牙人一样，都为共和国的成立而欢呼。

然而，自从1933年希特勒掌权后，欧洲各国的法西斯分子便一直蠢蠢欲动，战争的阴云也笼罩在整个欧洲的上空。

在这期间，毕加索创作了大量的富有战斗意识的作品。比如在一组描绘西班牙斗牛的画中，狂暴的公牛吞噬着马的内脏，女斗牛士也被公牛挑出了肠子，奄奄一息。公牛则在一旁得意洋洋地看着它的战利品……

这里的公牛就代表着邪恶和暴力，而马则代表着人民。

1936年7月，为了镇压人民的反抗，西班牙法西斯分子佛朗哥发动了内战。在巴黎的西班牙人听到这个消息都极为愤怒，并纷纷到毕加索的家中，邀请他参加支持西班牙人民的政治斗争。这不仅因为毕加索是西班牙人，更因为毕加索有着极高的世界声誉。

毕加索虽然一向不愿参加政治运动，但出于对自己祖国的关心，他十分痛恨佛朗哥的行为。所以，这一次他决定挺身而出，成为西班牙共和党中的一员，用自己的声誉与画作支持西班牙的共和派。

为了表示对祖国人民的支持，从不接受官方任职的毕加索欣然接受了西班牙人民政府对他的任命，出任普拉多美术馆名誉馆长。这是他一生中唯一一次担任官方职务。

1937年初，毕加索开始创作铜版画，其中包括九幅明信片大小的图，原本是计划将这些版画分开来卖，以救济西班牙的难民。然而当作品完成时，这些版画看起来显然是一个整体，因此他决定整套出售，另外还加上一首影印的诗稿。这首毕加索创作的诗歌写得又长又激烈，还附上了英、法两种译文。

毕加索还在这套版画的封面上为其题名为《佛朗哥的梦幻与谎言》。一张接一张的图片，连贯地叙述了佛朗哥这个妄自尊大的武装叛乱分子所造成的暴力和灾难。

为了展现出这个独裁者的性格，毕加索还在这套版画中创造出了戴着头巾、看起来十分古怪而令人讨厌的形象，暗示着这个人企图伪装成为基督教的英雄、西班牙传统中的救星。这个形象手里拿着一面旗子，上面有个虱子形状的圣母玛利亚，而他用斧头猛砍一尊崇高的古典雕像；他骑在一头猪的背上，拿枪向太阳射击；女人们四肢伸直地死在田野中，有的还带着孩子从着火的房子中逃出来，有的失望地举起双手……

只有一头公牛逃脱了这场灾难，使劲地用角将这个怪物的肠子撞出来。这头勇猛的公牛就是毕加索的化身。毕加索用一连串的形象完成了这套檄文式的版画。

（二）

1937年4月26日，德国法西斯分子为了支持佛朗哥的暴行，出动轰炸机袭击了西班牙巴斯克区的一个美丽而古老的小镇格尔尼卡。

格尔尼卡小镇有7000多居民，他们世代都在这里生息、繁衍，用智慧和勤劳的双手将小镇建设成为一个繁荣、文明的历史文化城镇。

遭遇轰炸的这天正是小镇的集市，而下午4点也是集市最为热闹的时候。忽然，一群飞机伴随着巨大的轰鸣声黑压压地遮住了晴朗的天空。就在人们感到莫名其妙的时候，一枚枚炸弹如同雨点一般落了下来。

顿时，格尔尼卡小镇房屋倒塌，人们的哭声震天，到处都血肉横飞。

轰炸机共在这里狂轰滥炸了3个半小时，造成1600多人死亡，800多人受伤，70%的建筑物都被炸毁，景象简直惨不忍睹！

惨案发生后，举世震惊，爱好和平的人们无不对这场惨无人道的暴行口诛笔伐，甚至投笔从戎。

消息传到巴黎后，毕加索简直怒发冲冠。他深为遇难的同胞感到悲痛，也对制造这起惨案的法西斯分子深恶痛绝。

他立即决定以这起惨案为题材进行创作，画出格尔尼卡被炸的惨相，以此来表现对法西斯的痛恨，唤起更多爱好和平的人们来一起对抗法西斯的暴行。

其实在早些时候，毕加索就曾接受西班牙共和政府的委托，为巴黎世界博览会西班牙馆创作一幅画。但他不喜欢奉命作画，所以站在画布前很久也提不起兴致来。

而现在，满腔的怒火让他无法停笔。毕加索冲入画室，几乎是一气呵成地画完了这幅画。接着，他就开始不分昼夜地修改这幅草图，总共画了

60多幅草图。

6月中旬，经过毕加索的修改整理，这幅结构宏大的作品宣告完成。

在画的左边是一头木然站立的公牛，象征着残暴的士兵；在公牛的旁边，是一位悲痛欲绝的母亲，抱着被炸死的儿子在痛哭。她仰望天空，眼睛里充满了怒火。

中央是一匹倒在地上被刺穿了肚子拼命嘶叫的马，马头顶上一只代表"夜之眼"的电灯在发光。在马匹的旁边，是一名英勇的战士，他紧握利剑，剑已经折断，战士的身体也残缺不全，但他的手中仍然紧紧地握住战斗的武器，表现了西班牙人民绝不会轻易放下武器、誓与残暴的敌人决战到底的英雄气魄。

画面的右边，是两位惊恐的妇女，一位正高举双手，狂叫求助，另一位则在拼命奔跑。在她们的上边，是手举油灯、目瞪口呆的见证人。

《格尔尼卡》的画面采取了古典的三角形表现手法，以黑、白和灰三种颜色构成了低沉的色调。画中没有飞机、枪炮和炸弹，但却将残酷的战争所造成的死亡与恐怖的景象一展无疑。画面已经超出了对事件本身的表面描述，而转化为画家对这一惨状表现出的一种强烈的痛楚。

同时，画家还以立体主义的法则，将物象解体、扭曲，从而抓住了悲哀与残酷、痛苦与恐惧、挣扎与绝望等全部的意义，使画面产生了强烈的情绪冲击力。

《格尔尼卡》在巴黎世界博览会展出后，引起了极大的反响。全巴黎的人都来观看这幅杰作，评论家们也纷纷发表评论，认为"《格尔尼卡》是一份反法西斯的战斗檄文"，"是被天才的精神扩大了的义愤与恐怖的呼声"。

（三）

《格尔尼卡》在巴黎展出后，又陆续被送到挪威、英国和美国等国家进行巡回展出。所有看到《格尔尼卡》的人，无不为它震撼人心的力量所感染！

对于这幅画作，毕加索也是一反以往从不对自己的作品进行评价和诠释的习惯，他说：

"绘画不仅仅是为了装饰房间，它也可以成为战斗的工具，成为反对残暴和黑暗的手段。"

作为一名世界著名的艺术家，毕加索也深知自己肩负的重任。在《格尔尼卡》即将展出之前，毕加索就发表了一篇政治声明：

"西班牙的战争是一场反人民、反自由的战争。作为一名艺术家，我的一生就是要同反动势力和艺术的死敌做不懈的斗争。

"从我现在正在创作的、名为《格尔尼卡》的大幅绘画当中，从我一些其他的最新创作之中，都明确地表达了对这一伙军人集团的深恶痛绝——正是他们，将西班牙推向了苦难和死亡的深渊。"

的确，《格尔尼卡》就是毕加索刺向敌人心脏的一把尖刀，更是一枚重磅炸弹。它在全世界所引起的震动，是任何锐利的武器都无法比拟的。从它产生的那一天开始，它就不仅仅是一幅画了，而是全世界爱好和平和反对战争的人们的正义宣言。

在1939年，第二次世界大战爆发。第二年，法国沦陷，这幅画无法被运回欧洲，毕加索只好将它租给美国纽约现代艺术博物馆。但他表示，当他的祖国西班牙恢复民主政府之后，他就将这幅画运回西班牙，献给自己的祖国。

毕加索去世后，直到1981年9月10日，经过西班牙政府的多方努力，才终于将当时估价4000万美元的《格尔尼卡》按照毕加索的遗愿运回了西班牙，被精心收藏在他曾经担任过名誉馆长的普拉多美术馆中。

同年的10月25日，在毕加索百年诞辰之际，这幅画正式对外展出。

遗憾的是，毕加索最终也没能够亲眼目睹西班牙人民为了欢庆《格尔尼卡》的胜利归来而兴高采烈、载歌载舞的热烈场面。

→　　音乐家鲁宾斯坦问毕加索："你每天都描绘同样的静物，难道不厌倦吗？"毕加索反问道："你不觉得自己在说废话吗？难道你不知道，每一分钟都是不同的我；每一个钟头都有新的光线；虽然每天看同一瓶酒，但我能从中看到不同的个性，看到不同的酒瓶，不一样的桌子，不同的世界里的不同的生命！在我的眼睛里，这一切都是不同的。"

第十六章 战乱的岁月

我们总是处于善恶是非的交织中，不管怎么样，善恶是非本身之间是互相脱不了干系的。

——毕加索

（一）

1939年1月30日，毕加索的母亲去世了，这让他十分悲痛。

但是，坏消息可不止这一个。3月28日，传来马德里沦陷的消息，佛朗哥政权打败了共和政府的军队，统治了整个的西班牙。由于西班牙的局势十分混乱，毕加索没有能够参加母亲的葬礼。

西班牙沦陷后，50多万难民涌入法国，其中也包括毕加索的两个外甥。他闻讯后，马上派人把他们从难民营接到家中。从两个外甥的口中，毕加索听说了法西斯分子令人发指的残暴行为。

随后，毕加索便与各种慈善机构一起为难民筹集善款，并与其他画家一道组织义卖活动，将卖画所得的钱财全部捐给难民。

看到自己的同胞因为战争而受苦受难，毕加索十分难过，也更加痛恨佛朗哥集团。他曾经说过：

"只要佛朗哥不下台，我就绝不回西班牙！"

毕加索说到做到，此后再也没有回过祖国。

1940年，法国巴黎被德军占领，毕加索被迫搬到法国的一个海滨城市洛昂居住。

美国大使馆向毕加索和马蒂斯发出了邀请，让他们到美国去避难，但两人都拒绝了。马蒂斯宣布，他是法国人，他将于法兰西共存亡。

正如他所说的那样，马蒂斯积极投身于反对法西斯的战争当中。这位在世人眼中生活在安乐椅里的艺术家，用事实证明他是一条有血性的汉子。

法国虽然不是毕加索的祖国，但他的一切都在法国，因此他也同样憎恨法西斯分子。他是个和平主义者，哪儿也不想去，他不能离开他的家、他的画室、他的咖啡壶和各种生活习惯。

毕加索在巴黎与洛昂之间焦虑不安地奔波往返着，他不是担心他的房子，而是担心那些留在巴黎各个画室中的画作和雕塑。

有一天，毕加索刚刚到洛昂，就接到了家里老管家打来的电话，说他那里的别墅已经被德军征用了。

得到这个坏消息的毕加索急得像热锅上的蚂蚁，对他的那些油画和雕塑作品担心不已。他害怕德国鬼子一不高兴放把火把它们全部烧了。

于是，毕加索就想了个办法，每次听说德军出去训练时，他就不顾危险，偷偷跑回家中，取出一些绘画和雕塑藏在别处。

就这样，毕加索的大部分作品都被抢救出来了，但还是损失了一些。其中一件精美的中世纪基督像被德国人当蜡烛烧掉了，毕加索知道后，十分愤慨。

就在毕加索全力抢救他的作品时，敦刻尔克海滩上的80万英国人和法国人正在撤退，成功地逃出了希特勒的魔爪。闻听这个消息，毕加索感到非常骄傲。

6月，洛昂也被德军占领了，毕加索被迫留在了这里。在这期间，他创作了一幅最野蛮、最有力、最具有报复性的作品——《梳头发的裸女多拉》。

画中描绘了一个长着角、没有翅膀的类鸟怪人，正在愉快地打扮自己。虽然画中没有直接表现战争，但却充满了对战争造成的黑暗和破坏的愤怒。

在1939年到1940年的战争期间，毕加索的作品中出现了大量线条粗犷、造型丑陋、狂暴、怪异的画稿，而这些作品都是作者内心世界的真实反映。

（二）

由于毕加索的画作和言行，他成了德国法西斯最为痛恨和害怕的艺术家。于是德国人下令，不允许出售和展览毕加索的作品。

战争期间，物质本来就匮乏，又不能出售作品，毕加索的收入自然也是急剧下降。

很快，第一个寒冷的冬天就到来了，毕加索在自己简陋的画室里放了一个芬兰大火炉。但炉子的耗煤量太大了，噪音也很厉害，而且煤的价格又贵，毕加索取暖用的煤很快就烧完了，只能每天忍受着刺骨的寒冷。

由于毕加索的名望和影响，德国人不敢拿他怎样，并且平时对他也还算客气。见毕加索画室里的煤用完了，还额外配发一点取暖用煤给他。

但是，毕加索断然拒绝了，他宣称：

"一个西班牙人是不怕冷的！"

几天后，几个纳粹军官到毕加索的住处例行检查。一进门，其中的一个军官就看到了放在桌上的《格尔尼卡》的照片。

"这是你的杰作？"军官问毕加索。

"不，"毕加索看着他说，"这是你们的杰作。"

德国军官听完，讪讪地走了。

为了抗议德国法西斯的野蛮入侵，毕加索还将《格尔尼卡》的照片分发给遇到的德国士兵，并对他们说：

"拿去吧，这是纪念品。"

德国法西斯分子虽然对毕加索恨之入骨，但又不敢对他下毒手，于是，他们就想采取笼络的手段，企图收买毕加索和那些正义的艺术家们。但毕加索却从来不吃这一套，表现出了一个痛恨战争、爱好和平的艺术家的英雄气概。

到了1942年，法国地下抵抗势力日益活跃，毕加索身边的不少朋友都加入了法国共产党领导的抵抗队伍。令毕加索难过的是，每天都有人从他的身边失踪，这都是那些德国的盖世太保干的。

纳粹的统治日渐恐怖，毕加索恨得直咬牙。但法国共产党领导的队伍也让他感受到了人们的力量。在感情上，毕加索对法国共产党也越来越有好感了。

在这期间，毕加索很少上街，就连经常泡咖啡馆的习惯都没有了。因为一出门就会看到纳粹的旗帜，还有冷冰冰的纳粹巡逻队，这些让他感到心烦意乱。幸亏他的管家聪明、能干，帮他处理了不少事务。

毕加索将自己所有的苦闷都倾泻在画布上面，虽然这时他的画还不能与观众见面。他曾经说：

"我没有画战争，因为我不是摄影家，用不着记录下一切，但毫无疑问，我的画中是有战争的。"

毕加索的作品中的确有战争，那是他内心深处的激烈交战，是他个人同统治这个世界的邪恶势力之间的交战。甚至直到现实中的战争结束，他内心的战争都没有停止。

（三）

德军对巴黎的占领，使得巴黎时刻都笼罩在一种阴森、恐怖、压抑的气氛之中。街道上自由行走的人也少了，每天都是不停息的盘查、搜捕、屠杀……

但是，巴黎人民并没有被这些暴行所吓倒，相反，无论是艺术家还是农民，无论是老人还是孩子，每个热爱和平和正义的人们，都在以自己的力量与法西斯进行着斗争。

毕加索有一位邻居，米歇尔爷爷和他12岁的小孙子卢森。战争刚一开始，卢森的父母就参加了反法西斯游击队，到前线打仗去了。

小卢森养了一大群鸽子。每天，卢森都会站在屋顶上，用一根系着白色布条的竹竿驯鸽。成群的鸽子都随着竹竿的指挥漫天飞舞，十分美丽壮观。

毕加索从小就喜欢鸽子，所以也经常同卢森一起驯鸽。闲暇时，他还会教卢森画画，两个人的关系非常好。

在德军进入巴黎后，懂事的小卢森就将白色的布条换成了红色，因为他害怕白色的布条会引起敌人的误解，以为是投降的信号。

毕加索见状，无限感慨地说：

"战争也使孩子们早熟了。"

可是不久，前线就传来了卢森的父母牺牲的消息。卢森听到这个噩耗后，痛哭不止。他下定决心，要替父母报仇。

一天，卢森正在房顶上驯鸽子。随着竹竿上红布条的飞舞，鸽群也随之而起，冲向天空。

这时，碰巧纳粹军的巡逻队过来了。他们看到卢森手里拿着红布条，便认为那是"红旗"，然后恶狠狠地冲进卢森的家中搜查。

米歇尔老人向他们解释说，小孙子那是在驯鸽子。

可是巡逻队并不相信，硬说是卢森在给城外的游击队报信。他们就冲上屋顶，把小卢森围了起来。

卢森看到这些德国鬼子，心里暗想：报仇的机会终于来了！

小卢森的眼睛都红了，他紧握拳头，怒视着敌人。

"小家伙，你拿的是什么？"一个士兵问道。

"红旗！"卢森愤怒地回答说。

"你是不是要给城外的游击队报信？"

"对！他们看到了，很快就会打进来，把你们这群坏蛋都杀死！"

"啪！"一个士兵抄起枪，用枪托向小卢森的头上打去。

卢森被打得头破血流，但他一声都没有哭，而是勇敢地冲上去，与敌人厮打起来。

可是，弱小的卢森怎么能是这群德国鬼子的对手呢！恼羞成怒的敌人开枪了，小卢森倒在了血泊之中。

枪声惊动了这群鸽子，鸽群呼啦啦地飞了起来。

凶狠残暴的德国法西斯连鸽子都不肯放过，立即举枪向鸽群射击，鸽子一个个地从天空中被打落下来，掉在地上。

一只受伤的鸽子正巧掉在了小卢森的尸体上，悲痛欲绝的米歇尔爷爷小心翼翼地捧起它，来到了毕加索的画室。

"这是卢森最喜欢的鸽子，请你把它画下来吧，做个纪念！"老人泣不成声。

毕加索听了老人的诉说，也不禁难过地流泪了。他立即就接受了老人的请求，伸手接过鸽子，将它放在临窗的桌上，支起画架，准备画画。

就在这时，一件不可思议的事情发生了：

在柔和的阳光下，那只受伤的鸽子扑棱着带血的翅膀，艰难地站了起来。它那红玛瑙一般的眼珠上，似乎也闪动着晶莹的泪光！

这只伤鸽就这样一直站立着，眼睛盯着毕加索和米歇尔爷爷。

毕加索深受感动，一气呵成地画完了这幅画。

毕加索画完最后一笔后，轻轻地放下了画笔，忽然，这只极通人性的鸽子也猝然倒下了。

这幅画，毕加索将它命名为《泣血的鸽子》，后来成为法国人民同德国法西斯顽强斗争的见证。

毕加索漫长的一生都在不知疲倦地探索，因此有人称他是"艺术的前卫"。但这做"前卫"的甘苦，体验最深的莫过于毕加索自己。他曾说过："前卫所受到的从后边来的攻击要比从前边来的多得多。"

第十七章 为倡导和平而努力

生活中的每件事情都是有代价的。如创造力、新想法之类的，每一件有价值的事物都会同时伴随着阴影。

——毕加索

（一）

1944年6月，盟军在诺曼底登陆，8月便抵达巴黎，数以千计的巴黎人参加了盟军。在解放的前几天，人们就开始拆除街上用石头构筑的堡垒，连小孩子都上阵了。

8月25日，巴黎解放了！

毕加索和所有巴黎人一样，兴高采烈地涌上街头，为胜利欢呼。这一天，整个巴黎到处都在响着一阵阵高昂的《马赛曲》和一声声香槟酒的喷涌声。

战争给法国人民带来了巨大的损失，五分之一的房屋被毁坏，一半港口成为废墟，三分之二的铁路车辆无法使用，大半的牲畜被杀死……而死于战争中的人数，更是达到了140余万。因战争而丧失劳动能力和社会活动能力的人更是不计其数。

正因为如此，法国人民对战争是极其痛恨的，对世界和平与人类的正义事业充满了向往与拥护。

在战争期间，法国共产党充分发挥了自己的政治力量，高举革命、进步、人道与和平的旗帜，受到了法国人民的拥护。

毕加索是个进步而热爱和平的艺术家，因此自然也积极拥护法国共产党。

在巴黎解放一个月后，毕加索在朋友的介绍之下，加入了法国共产党，并在报纸上发表了《我为什么加入共产党》的特别声明：

> 参加法国共产党，是我全部生活、全部事业的合乎逻辑的结果。因此，我可以自豪地说，我从来没有把绘画看做是单纯的供人玩赏和消遣的艺术，而是有意识地通过绘画与色彩（它们是我手中的武器），不断深化我们对世界的认识，并促使这一认识为我们带来越来越多的自由。我力图用自己的方式表达我认为最为真实、最为正确、最为完善的事物……
>
> 这些年来，残酷的压迫已经让我明白，我不仅要以自己的艺术去斗争，还要以我整个的身心去斗争。因此，我毫不犹豫地加入共产党，因为从根本上我一直与共产党是相通的。以前之所以没有正式入党，是因为我一直以为我的工作和我的心灵都属于这个党。难道不正是共产党在尽最大的努力去理解与改造这个世界，去帮助现在和明天的人民变得更为清醒、更为自由、更为幸福吗？

10月5日，毕加索正式成为一名法国共产党员。

从这一天起，毕加索也开始了一种全新的生活，他不再只是一名艺术家，还是一个活生生的战胜邪恶与压迫、争取胜利与自由的象征，他的艺术创作也渗入了更为浓厚的政治色彩。

此后，毕加索也充分发挥了社会名流和共产党员的双重身份，出席各种群众性大会、发表讲话，接见众多采访者等。

1948年，毕加索还应苏联著名作家和社会活动家爱伦堡的邀请，前往波兰首都华沙参加了世界和平大会。

在毕加索飞赴波兰的前一天，也就是1948年的8月24日，法国内政部长在巴黎为毕加索颁发了一枚银质奖章，以表彰他为法国所做出的贡献。

毕加索抵达华沙后，爱伦堡亲自到机场迎接他。毕加索在所到之处，都受到了热烈的欢迎。

他在波兰待了两周，访问了华沙和克拉科夫。同时，他还顺路参观了格拉斯哥市的查多利斯基博物馆。

自从二战以来，这所博物馆一直关闭着，而这次是专门为毕加索等人开放的。在这里，毕加索看到了许多历史名画，如意大利文艺复兴时期的画家达·芬奇的《穿貂皮的女人》、朗勃兰特的《撒玛利亚风光》等等。

在和平大会结束后，波兰总统为表彰毕加索为促进两国文化交流、加强两国人民之间的友谊所做出的贡献，于1948年9月2日向他颁发了"波兰文艺复兴司令十字勋章"。

加入法国共产党为毕加索带来了巨大的荣誉和声望，毕加索也以自己是一名共产党员而自豪。毕加索虽然未曾亲自到战场上与敌人战斗，但由于他的职业和特殊身份，在反法西斯战争中他的作用却远远要超过上前线。

为此，毕加索也赢得了法国、西班牙以及所有热爱和平和正义的人民的拥护和爱戴。

（二）

在战争期间，毕加索曾是德国人封杀的头号画家，因此，解放后法国文化机构对纳粹德国采取的第一个报复行动就是举办毕加索在战争期间的作品回顾展。

这次展览会后来成为当年秋季沙龙的一部分，那些对毕加索充满仰慕之情的青年学生们，都自愿跑来为展会服务。

展会很快就引起了强烈的反响，许多题名为《躺着的女人》的画实际都是玛丽·泰莱斯富有节奏感的肖像。此外，还有一些奇怪的图画，多为静物画。静物画里有蜡烛、牛头、叼着鸟的猫等等，都显得十分虚幻而又阴沉。

在经历了噩梦一般的战争之后，面对如此紧密地反映逝去岁月的作品，观众的心中无疑会受到巨大的冲击。

毕加索也是满心欢喜，拿起他的旧军号，号上还装饰着三色绶带。这一时期，吹奏军号成了他的一大嗜好，每天他都要吹上几声，而且每次都尽量把号吹得非常响亮。

战后，各国也都争相购买毕加索的画作，掀起了新一轮的购买高潮。立体主义绘画的需求量是最大的，因而近几年来画价也飞速上涨，所有的投机商人都为之眼红。这时期，毕加索的画作比20年前的价格要翻上100多倍。

1946年，毕加索又来到了法国的海滨城市洛昂。6年前，他就是在这里听到了大战爆发的消息。对毕加索来说，这个风光旖旎的小城，就是新生活、新希望和新自由感的象征。

毕加索到了这里后，马上就开始着手工作。在新鲜的创造性灵感的激发之下，他一口气画了30多张大画，都赠给了设在古堡里的洛昂博物馆。

总体来说，这些作品就像是悠扬的田园交响曲，其中取材于无忧无虑、纵情欢乐的情绪交织在一起的神话主题。毕加索创造了一个小小的半乡村半海洋的幸福世界，其中有或跳舞或躺卧的山林女神，还有吹着号角、戴着花环的海洋半人神，各种形象与色彩之间都充满了难以抑制的欢乐情绪。

可以说，毕加索又重新获得了绘画的快乐，以前那种悲观抑郁的灰暗调子已经消失，没有了半人牛怪、人面狮身怪了。

1949年的8月，巴黎也举行了一次以和平为主题的大会，毕加索应阿拉贡之约，为这次会议设计了一幅宣传画。

毕加索受父亲的影响，一生喜爱鸽子，从小就在父亲的指导下画鸽子的头、爪子等，而且他还一直有养鸽子的习惯。因此，这一次他也选择了自己熟悉和喜爱的题材——一只白鸽。

经过几天的工作，毕加索创作了一幅从技术上来说很成功的石版白鸽画。只是制作石版画时，纯黑的效果本来很容易取得，但因石墨中含有蜡，若用水稀释的话，那么颜料在石面上的分布就会很不均匀，从而会出现"蛤蟆皮"一样的颗粒。

为了避免这种现象出现，毕加索成功地使石墨层次分明地渲染出半透明的均匀色调，这可是需要点本事的。处理完后，画面上的鸽子羽毛油然生光，黑色的背景使白色的羽毛显得更加纯洁、可爱。

一个月后，阿拉贡来毕加索的画室取他为和平大会作的画。当他看到这只鸽子的版画时，十分兴奋，因为鸽子的形象正好与他想象中充当和平大会会徽的白鸽相吻合。

后来，这幅画一直闻名于世，并且经过再版，张贴在欧洲许多城市的墙上，被人们当做和平的象征飞遍全世界。

正如智利诗人巴勃罗·聂鲁达所说的：

> 毕加索的鸽子在飞翔，
>
> 飞在世界的任何地方，
>
> 任何力量都不能使它们，
>
> 停止飞翔！

由于毕加索对世界和平与正义事业所做出的贡献，1950年，毕加索被授予世界和平奖！

毕加索已经不仅仅属于法国、西班牙了，而成为全世界人民的毕加索。

（三）

一直以来，毕加索都反对战争，渴望世界和平，并为此而积极努力，但战争的阴云却始终笼罩着人类社会。

1950年，美国在朝鲜半岛发动了一场侵略战争。对战争深恶痛绝的毕加索再次愤然地拿起画笔，创作了著名的《在朝鲜的屠杀》，向人们展示了侵略者的又一次野蛮暴行。

在这幅画的画面上，一群穿着铠甲、手拿武器的机器人，枪口对着一群手无寸铁、一丝未挂的妇女和儿童。面容憔悴的母亲抱着吃奶的婴儿，刚刚学走路的孩子惊恐地想要脱离这个场面；而一位妇女的腹中，一个还未出世的新生命就要遭到扼杀……

这幅展示侵略者血腥屠杀的画作令人触目惊心！每一个看到这幅画的人，都会被深深地震撼，也都会对野蛮战争的制造者切齿痛恨。

1952年，法国瓦洛里市政府请毕加索为瓦洛里的一座12世纪的教堂画一幅装饰画。毕加索从来都不受命作画的，但由于他与瓦洛里感情很深，因此便欣然同意了。

虽然毕加索已经是世界级的艺术大师了，但他在创作过程中依然保持着严谨的态度。因此，他多次到教堂进行实地考察，并根据教堂的建筑特点构思了两组画面。

一组画面是《战争》，另一组画面为《和平》。

之所以选择这样两个主题，也是受当时国际形势的影响。经历过两次世界大战的毕加索，对战争十分痛恨，也非常渴望和平。因此，他才构思了《战争与和平》的组画。

毕加索将一切都安排妥当后，便将自己关在画室中独自创作，不见任何人，只有吃饭睡觉时才出来。

在两个月的时间里，到他画室去过的人只有他的儿子保罗。毕加索对保罗说，如果有爸爸的朋友来看画，那么保罗就应该像哨兵一样，拒绝任何客人进来。

终于在10月的一天，毕加索从画室中走了出来，两幅巨型的木版画已经完成。在门口的桌子上，还放着一个闹钟和一张日历，上面标着他开始工作的日子和每天的进度。

除了这两幅版画之外，画室的墙上还有大量的素描和几幅风景画、静物画，这些都是副产品，是毕加索为了缓和工作压力而创作的。

在这幅组画当中，《战争》中画的是凶狠的恶魔在喷火吐焰，焚烧着象征人类文明的书籍；其中，还有各种横行的小怪物，但这些小怪物被一个沉静的人物阻挡住了。他面向观众，举着一个画有鸽子的盾牌。

《和平》的画面上，毕加索画出人类最愉快、最可贵、最永恒的东西。他画了一个儿童，驱赶着一匹拉犁的飞马。在一群舞蹈者的身影中，还有一个艺人平举着一根竹竿，一端放着一个装满燕子的金鱼缸，另一端放着一个装有鱼的笼子。

这两组画面互相对比，互相映衬，主题鲜明，通俗易懂。

教堂的屋顶是拱形的，教堂门又是关闭着的，整个教堂就只有讲坛上有一点灯光。在闪烁的灯光映照之下，教堂看上去有着洞穴一般的效果，而壁画也平添了几分神奇的味道。

后来，教堂朝向街道的那扇门被砖堵住了，毕加索就又在这面墙上画了一幅壁画：蓝天大地的背景下，黑、白、黄、红四个人（象征世界人民）捧着一轮金黄色的太阳，太阳里站着一只衔着橄榄枝的和平鸽。

后来在谈到《战争与和平》的组画时，毕加索说：

"如果和平在全世界获胜的话，那么，我画的战争就将属于过去，人们将会只用过去时态来谈论战争。其他的一切，都将用现在时态和将来时态来谈论。"

毕加索出名以后，仿他画的人与日增多。一天，一个画商见到毕加索的壁画《和平》，就问毕加索："为什么在《和平》中，鱼在鸟笼里，而鸟反而在鱼缸里呢？"毕加索不假思索地答道："在和平的世界里一切都是可能的。"

这时，画商取出一幅画，想证实一下这幅是不是毕加索的真迹。毕加索向那幅画瞥了一眼，轻蔑地说："冒牌货！"

事隔不久，画商又兴冲冲地拿着一幅毕加索的画来找他，问他这幅画是真是假。毕加索看也没看便回答："冒牌货！"

"可是，先生，"画商急了，喊道，"这幅画可是您不久前亲笔画的，当时我在场！"

毕加索微笑着耸耸肩膀，说："我自己有时也画冒牌货。"

第十八章 黄昏的灿烂

当我们以忘我的精神去工作时，有时我们所做的事会自动地
倾向我们。

——毕加索

（一）

1952年前后，毕加索又突然对斗牛兴趣大增，每次斗牛，人们几乎都
可以看到毕加索。他总是邀请一群朋友前去，坐在前排，接受西班牙斗牛
士的敬礼。

这种时刻，毕加索总是被同胞们的生机活力所感动，说话声音也充满
愉快感，就连嗓门都高了不少。

虽然毕加索比周围的人都显得矮小，但他总是他们中间的核心人物。
这时他发现，斗牛是一种行动敏捷和场面恢弘的活动，他早年对马戏和戏
剧的爱好，在斗牛中也能够得到充分的满足，这也令他回忆起了自己的青
春岁月。

1954年的夏天，西班牙的斗牛士朋友们为了让毕加索高兴，专门为他
举行了一场斗牛表演。他们在城里的大广场上特地造了一个斗牛场。

即将举行的斗牛表演成了当地家喻户晓的事情，就连住在沿海一带的
毕加索的朋友都知道了，因而都纷纷赶来。

毕加索也特别高兴，亲自加入到全城鼓动宣传的行列里，坐在一辆汽

车后面吹喇叭。

斗牛表演开始那天，在万众的欢呼声中，主持人宣布：即将开始的斗牛表演是为了向巴勃罗·毕加索致敬而举行。

全场的两千多名观众都齐声欢呼起来：

"巴勃罗万岁！"

这高昂的欢呼声令毕加索异常激动，他仿佛觉得自己又回到年轻时候一样。

在这期间，毕加索各种作品的大小展览会也在陆续举行着。从第二次世界大战以来，毕加索的作品展览会需求超过了其他任何画家。

1951年，在毕加索70岁寿辰之际，除了在瓦洛里展出了素描和石版画外，伦敦现代美术学院也举行了一个重要的回忆性的素描展，展品多半是画家本人借给美术学院展出的。

但最令人难忘的，还是在法兰西幻想大厦举行的一场规模宏大的雕塑展览会，展品大部分都是初次展出。至此，人们才普遍认识到作为雕塑家的毕加索的伟大之处。

1953年6月，在法国的里昂又举行了一次重要性的回顾画展，规模十分可观。在这次展览上，展出了包括毕加索1900年以来的各个时期、各种风格的作品。后来，这些作品又被拿到意大利进行巡回展出。

同年冬天，在巴西的圣保罗又举行了一次画展。

对于这些不断在世界各地展出的画作，毕加索说：

"以前很多年，我都拒绝展出我的作品，甚至不肯让人给我的作品拍照。但后来我认识到，我一定要展出……这需要勇气，能够这样做就是有勇气的。人们收藏了我的画，但不懂他们收藏了什么，每一幅画都是一瓶我的鲜血，这就是注入了画中的东西。"

（二）

1955年夏天，毕加索在戛纳看中了一处装饰华丽的房子。这幢房子建于19世纪末20世纪初期，从那里可以俯瞰以香槟闻名的戛纳。

毕加索买了这所房子，并且很快就使他的新王国成为一个五颜六色的杂货铺：典雅的客厅和房间里有各种各样的斗牛广告、陈旧的咖啡壶、刚果木雕黑人像、旧香烟盒……而花园里，也同样随意地摆放着他的各种雕刻作品：颅骨、母猴、猫头鹰……从芭蕉叶、含羞草和桉树丛中看过去，它们就像是一群来自外星的生物。

不久，尼斯迪维克多电影制片厂的制片商乔治·克洛来到这里，邀请毕加索与他一起合作拍摄一部长影片，同往的摄影师则是印象派大师雷诺阿的儿子科罗尔·雷诺阿。

其实此前毕加索也尝试性地拍摄过一些小型电影，但他也只是自己饶有兴趣地玩玩而已。虽然他对电影很有兴趣，可要让他来演，他还是有些不安。

1950年，他曾经看过马蒂斯拍摄的一部影片，对影片中马蒂斯蹩脚的表演狠狠地嘲笑了一把。后来，为马蒂斯拍摄电影的制片商也要给毕加索拍一部，但得到的回答却是斩钉截铁的：

"你们别想让我那样当傻瓜！"

可不知什么原因，这次当克洛请毕加索担任唯一的男主角，拍摄一部彩色的纪录片时，毕加索居然一本正经地答应了。

这部影片的名字叫做《毕加索的奥秘》，目的是要将毕加索画素描和油画的过程从头到尾地拍摄下来，以永久性地记录他真实的创作过程。

在事先商议时，毕加索说，他感觉自己就像是即将登场的斗牛士一样。这种感觉在他每次动手画画时都多少体验过，但这次有这么多的观众在场，他肯定会有些手忙脚乱。他不能单独工作，一举一动都要听从别人的摆布，这在他的人生中还是从未有过的，而且还要在灼热的灯光下表演好几个小时，他更觉得自己像多年前在马戏场里表演的小丑了。

不过，也不知道克洛用了什么好办法，毕加索居然高高兴兴地听从他的指挥。接连两个月，毕加索都每天一大早起来，赶到电影厂，在那里耐着性子，让聚光灯从不同的角度照在他的身上。

随着拍摄的进行，毕加索对那套繁乱的程序产生了兴趣，也配合得很到位。比如到了该停的时候，不用导演喊停，他就会主动坐到一边去休息了。

第二年春天，这部影片在戛纳电影节上公映了。毕加索也来了。

影片开始后，看到他的画如同被魔力驱使着在银幕上展现出来时，毕加索很高兴，他第一次看到自己作画的样子。尤其是克洛想了个新办法，让毕加索在一张渗透力很强的纸上（可能是中国的宣纸）作画，然后让摄影机在纸的背面拍摄，这样画家的手就不会把他的画挡住，画家本人也不会受到摄影机的影响。

影片中也穿插了一些戏剧性的情节和悬念。有一场戏时间很长，毕加索在一张大幅海滩风景画上进行了许多惊人的修改后，忽然对着观众大声说：

"坏了！全坏了！"

说着，他又用笔将画全部抹去，重新开始画，从失败中又画了一幅更好的。在影片结束时，他大书自己的名字，然后赤臂伫立在黑暗的空间中，眼睛炯炯有神，这几乎成了一个纪念碑式的象征。

这部纪录片不仅是毕加索艺术天才的胜利，也是他平易、坚强、严峻个性的胜利。

（三）

在世界绘画史上，素来都有"东张西毕"的美誉。张，指的是张大千；毕，自然就是指的毕加索了。

1956年4月，张大千在日本东京举办了声势浩大的"张大千临摹敦煌石窟壁画展览"。同年的6月至7月，法国巴黎东方博物馆与卢浮宫博物馆又隆重举办了"张大千临摹敦煌石窟壁画展览"和"张大千近作展览"。这两个展览在欧洲掀起了一股中国艺术与敦煌艺术的热潮，张大千也被欧洲艺术家誉为"东方艺术最伟大的中国艺术家"。

张大千对毕加索十分敬仰，也一直很想找机会拜访毕加索，因此在巴黎画展期间，张大千就向旅居在巴黎的中国朋友提出，希望能够会晤毕加索。

但是，由于当时毕加索已经声名显赫，且年岁已高，性格古怪，朋友们都觉得很难办到。

张大千很着急，于是就决定自己亲自登门拜访毕加索。

通过一份报纸，张大千得知7月28日这天毕加索将在坎城主持一个陶器展览的开幕式。于是，张大千便带着夫人连夜赶到坎城，并让翻译给毕加索的别墅打电话约见。

毕加索当时没在家，他的秘书答应毕加索回来后会转告。

约见很顺利，当毕加索听说中国画家张大千先生专程来拜访他时，他很高兴，约定第二天在陶器展览会上见面。

第二天，张大千一早就兴致勃勃地与夫人和翻译三人一起赶到展览会场。

可是，当毕加索刚刚走进会场，激动的人群立刻骚动起来，蜂拥而上，甚至将毕加索抬了起来。

张大千当时穿着一袭长袍，留着长须，在外国人当中相当显眼。因此，虽然两人不相识，毕加索还是一眼就认出了张大千，但热烈的气氛让两人根本无法交谈。

7月29日，张大千又偕同夫人与翻译一起，依约来到毕加索的别墅，东西方两位艺术大师终于正式见面了。

这次见面给张大千的印象最深的，就是毕加索的画室里堆满了各种黑人雕塑、非洲艺术书籍与资料等。这使他了解到毕加索艺术创作的各种新颖图像的原型，而那些对于张大千来说，简直就是千奇百怪无法理解的艺术表现，并不是他原先设想的那样，只是游戏般地随意涂鸦而已，而是十分严谨的艺术创作。

毕加索不断创新求变的艺术精神，想必也给张大千带来了很大的启发。这对张大千晚年泼墨新画风的开创不无影响。

当时正值酷夏，天气炎热，平时毕加索在家里都是只穿着一条短裤。而这一次为了欢迎张大千的到来，他特意穿上了一件条子花纹的衬衫和一条挺括的西裤，衣冠楚楚地接待张大千夫妇。

在交谈中，毕加索向张大千请教中国画的技巧，并将他的中国画习作拿出来，请张大千指教。

张大千一看，便知道这是模仿齐白石老人的风格所作。虽然尚未达到中国画的"墨分五色""层次互见"的境界，但也颇见画工。

张大千详细地向毕加索介绍了中国画的意境和画法，毕加索频频点头，共同的爱好与追求让两位世界级艺术大师的心紧紧连在一起。

毕加索还邀请张大千夫妇一起共进午餐，随后，又将自己的一幅《西班牙牧神像》赠送给张大千。

张大千也精心地画了一幅《双竹图》回赠给毕加索，并选了几支粗细不同的中国毛笔和一套极其珍贵的汉代画像石刻拓片送给毕加索。

在与张大千的会晤中，毕加索说了这样一番话：

"我一向以为西方白人没什么艺术可言，综观世界，第一是中国人有艺术，其次是日本有艺术，第三则属非洲的黑人有艺术。多年来我深感疑惑的是，为什么会有那么多的中国人与东方人来到巴黎学习艺术，舍本逐末而不知，真是令人感到遗憾！"

毕加索的这番话虽然有些偏颇，但却实也是发自肺腑。

→ **毕加索在18岁时创作了自己的第一幅铜版刻画。这幅画画的是一名英姿飒爽的斗牛士。但他没想到，铜版刻画印刷后是左右易位的。所以，当他看到一个左手拿着长矛的斗牛士时不禁大吃一惊。毕加索对自己犯的这个错误有点郁闷，但后来他想出了一个办法，就是把那幅铜版刻画命名为《左撇子》。**

第十九章 永远的毕加索

不必过分烦恼各种事情，因为它会必然或偶然地来到你身边。我想死亡其实也是一样的。

——毕加索

（一）

由于毕加索在绘画上的杰出成就，他的朋友们一直商量着要为他筹建一个美术馆。

1958年的一天，毕加索与好友萨巴泰闲聊。因为萨巴泰保存着许多毕加索赠送给他的画，所以毕加索就问他：

"如果我不在了，你打算如何处理这些画？"

萨巴泰回答说：

"我一直有个想法，就是建立一个毕加索美术馆。为了纪念您的诞生地，我还准备将美术馆建立在马拉加，您觉得可以吗？"

毕加索思索了一会儿，说：

"为什么不建在巴塞罗那呢？我同马拉加已经没什么联系了。"

萨巴泰当即表示同意。

但是，由于毕加索是法国共产党员，又曾公开反对过佛朗哥政权，所以佛朗哥集团多次阻挠在巴塞罗那设立毕加索美术馆。

萨巴泰和毕加索的朋友们与西班牙政府经过多次协商，直到1960年，巴塞罗那市政当局才同意并提供了两处场所。

1963年，毕加索美术馆正式成立，由毕加索最为亲密的朋友萨巴泰担任美术馆的名誉馆长。

萨巴泰将毕加索赠送给他的全部画作、毕加索赠送给巴塞罗那市的《鸽子》以及58幅以《腓力四世之家》为基础的变体画和巴塞罗那市现代艺术博物馆收藏的毕加索的全部作品，都陈列在这个宫殿之中。

另外，毕加索一些朋友和收藏家们也捐献了一些作品给美术馆。

按照当时的市价，毕加索的作品已经十分值钱了。毕加索的朋友们几乎都卖过毕加索赠送给他们的作品，而且这些朋友的生活也都比较富裕。唯有萨巴泰，一生清贫，过着仅可糊口的日子，但他却保存了毕加索在每个时期赠送给他的作品，一幅都不曾出售过。

萨巴泰捐献给毕加索美术馆的作品共有570余件，在这些作品上的题名，毕加索大多都使用最为亲昵的词语，表明了毕加索对这位老朋友的深情厚谊。

在1963的上半年，毕加索又开始创作一系列关于画家与他的模特儿的画作，共创作了四五十张油画，这也是他经过长期审慎思考的作品。

因此，这期间的大部分时间里，毕加索都在他的画室中作画，有时也会在户外进行，而他的模特儿就坐在他对面的一张躺椅上或者一棵树下。不论在哪里，画作中的色彩所叙述的内容都远比画家那专注的脸孔或精巧的双手所述说的要多。

那些颜色由深沉的蓝灰色转为兴奋的绿色与朱红，再转为盈满画面的蓝色和粉红，然后所有的颜色渐渐淡去，接下来是画家的脸孔和头发忽然迸发出灿烂的色彩，而后颜色再度变暗、变淡，经过几次转移回复到原先的深沉。不过，他仍然继续画着，即使最后那几张图中他的脸孔只剩下白色的模糊想象，或者是一片难看的灰色，没有了头发和胡须，他也没有停止作画。

这套作品毕加索自己很喜欢，到了冬天的时候，他就将它们做成许多木版画，画面也变得比原来更简化一些。

在这年年末和1964年的年初，毕加索还画了一些大幅的裸女，然后是一些农夫的头像，再后来就是景物以及他在1961年迎娶的第二任妻子杰奎琳·洛克的肖像画。

（二）

1963年，又有两位毕加索的老朋友离开了人世：8月，勃拉克去世了；10月，戈科多也去世了。勃拉克的去世，是上帝夺走了毕加索在立体派创立时期的最后一位战友。现在，只剩下他这个孤家寡人了，他感到死神又一次与他擦肩而过。

为了与死神争夺时间，毕加索只好戒烟。每每有朋友来看他，他都会下意识地把手伸进口袋中掏烟。

他的视力也出现了衰退。眼睛曾是毕加索艺术和爱情的源头，也是他的一个个性象征。然而现在，黯淡昏黄的眸子只能靠厚厚的镜片来发挥作用了。

1964年的秋天虽然美丽，但毕加索的身体还是出现了一些问题，健康状况受到了较严重的影响。

1965年11月，毕加索回到巴黎，住进了一家美国医院，在那里做了胆囊和前列腺手术。

手术之后，他的身体状况有了明显好转，也没有出现任何的并发症。此后，他又能画一些作品了，而且笔法还不错，没有丝毫的颤抖，但人物的变形却达到了令人窒息的地步。这可能也是毕加索内心的反应吧：垂垂老矣，仅能攀住一点生的气息了。

1966年，是毕加索85岁的寿辰。为了庆祝他的85岁生日，法国文化部在前一年就开始筹备举办毕加索大型画展。

毕加索的好友，法国现代艺术馆馆长让雷·玛里埃亲自远渡重洋，从美国、英国、前苏联、荷兰、西班牙、比利时、瑞典等国家借来毕加索各个时期的作品，从而使得这次展览的作品数量和展览规模远远超过以往的任何一次。

巴黎的一家保险公司负责为这次画展保险，他们很清楚，毕加索的画是无价之宝，因此在展品被运往卢浮宫时，全副武装的警察驾驶着警车、摩托车，寸步不离地紧跟着运画的车辆，生怕有什么闪失。

为了观看这次画展，成千上万的参观者都情愿在艺术宫的门外排起长队，竞相购买门票。

由于作品数量众多，购票人数也多，原本定在巴黎大展览馆进行的画展，最终不得不扩展到小艺术宫。

10月19日上午，法国现代艺术馆馆长让雷·玛里埃亲自主持了这次展览的开幕式。他在讲话中盛赞毕加索是"最伟大的创举，他破坏和创造了我们这个时代的、也是千秋万代的物体的形"。

展览开始后，展馆中到处都摆满了毕加索的作品。其中，大展览馆展出了284幅，包括毕加索的一些伟大的作品；小艺术宫则展出了他的250件画作，从卡洛纳时期一直到最近的一些头像，另外还有580件陶器和392件雕塑。这也是目前为止最为完整的一次作品收集，同时也是对毕加索作为一位雕刻家的总评估。

有史以来，单独为一位艺术家所举办的展览当中，以此次展览最为光彩夺目。

到1967年2月展览结束时，前来参观的观众多达85万人，这也是空前的创举。

总观毕加索一生的创作与探索，诡奇迷离，令人惊叹。至于人们对画展的评价，从直截了当的诋毁到热情洋溢的赞美，形形色色，唯独没有保持沉默或表示冷漠的。

这次画展几乎让每个人都感到满意，因为它提供了每个人所热爱的毕加索的作品：现实主义、表现主义、立体主义、新古典主义等等，从画家、雕刻家、陶瓷艺术家、设计家和版画家五个方面展示了毕加索的艺术才华和伟大成就。

不过，毕加索还是同以往一样，没有去参观他的画展。但他的桌子上却堆满了从巴黎送来的有关画展布局和作品的照片，也堆满了来自世界各地的贺信和贺电。在画展开幕那天，他将所有东西全部收起来，然后开始工作，直到午夜。

（三）

1967年，86岁的毕加索依然表现出强烈的创作欲望和旺盛的精力。

2月时，他开始将画家与持枪的士兵结合起来，画了一位坐在画架前一把17世纪椅子上的画家，腰挎宝剑，手里拿着长长的画笔在作画。

到了3月时，毕加索又开始使用色彩，在画中画了许多持枪的士兵，一个个威风凛凛，一队接着一队。

毕加索画的士兵样子很恐怖，他们都佩戴着刀枪，手里拿着吓人的烟斗，脸上长着路易十三式的胡子，颜色都是火红色，神情威武，可又有一种嘲弄的意味。

之所以会画成这样，是因为毕加索虽然痛恨战争，但他对于武力所持的态度又是充满矛盾的，或说是又爱又恨。所以，他在自己的画中也常常会使用武力。

毕加索仍然怀念他以前的那些老朋友，现在他们很多都离开了自己。如今在他的画中，这些老朋友都与这些持枪的士兵一起出现了。虽然画中偶尔也会有一些悲伤的色调，但更多的却是鲜艳明快的进取型色彩。这也是贯穿了毕加索晚期作品中的一种色调。

这个时期的毕加索的身体也在遭受着一些病痛的折磨，但他却从未停止作画，而且还画得越来越多。他常常抱怨画室中没有足够的空间让他作画：

"到处都是画，房子全都装满了，它们就像兔子一样，繁衍得那么快！"

妻子杰奎琳也不断鼓励毕加索多作一些画。她相信，伟大来源于数量。她亲自为毕加索买来大量的画布，看着他一点一点地填满这些画布。作品越是不能让人满意，毕加索画的就越多。他说：

"我只有一个念头，那就是工作。画画就像是我的呼吸一样，只有工作才让我感到轻松。无所事事或者招待客人，会让我感到疲倦和厌烦。"

晚年时期的毕加索近乎于偏执，他睡眠不好，神经衰弱，经常做梦有人偷走了他的画。半夜醒来，他都要让杰奎琳去他的画室看看某幅作品还在不在。

担心作品被偷走，怀疑朋友变成了敌人，说明毕加索已经成为一个真正的老人，由昔日的自信变得敏感、多疑，并且有了一些老年痴呆的迹象。

1968年是毕加索比较多产的一年，同时他还创作了不少铜版画。他要将积累在胸中的各种主题用他所能掌握的各种艺术手法表现出来，以至于他经常陷入一种忙乱的状态之中。往往是刚一放下画笔，就又拿起了雕刻工具。

1971年的10月25日，是毕加索的90岁寿辰。

这一天，法国政府在巴黎的卢浮宫内举办了毕加索新作展。为了给毕加索的作品腾出地方，原来在卢浮宫内大展览馆里占据"荣誉画坛"地位的好几幅法国18世纪的名画都被移开了几天，专门用来展出毕加索的新作。

法国总统蓬皮杜亲自为画展剪彩，并发表演说：

"毕加索就是一座火山，不管他画的是一张女性的脸，还是一个丑角，始终都洋溢着青春的活力。"

与此同时，法国政府还授予毕加索"荣誉市民"的称号。

法国的《费加罗报》还特别撰写了一篇文章——《毕加索10年后将100岁》。文章写道：

"我们应该向这个人致敬，他不为痛苦和年迈所限，始终闪烁着青春的活力——这位90岁高龄的艺术大师，今天全世界都在祝福他。"

（四）

1972年秋天，毕加索因肺部充血住进了医院。

从小到大，毕加索对"死亡"这两个字都充满了恐惧，可能是因为身边太多的亲人一个个地离他而去的缘故。而现在，90多岁的毕加索似乎也看到了死亡在向他招手。

不过，毕加索的医生倒不太担心，因为他很清楚毕加索的身体状况。这位身体结实的画家在84岁高龄时，还做过一次较大的手术，但是他的健康状况似乎没有受到任何影响。当时的毕加索还风趣地说：

"他们像剖鸡一样将我剖开，瞧，我现在好好的。"

果然，在顽强的生命力的抵抗下，死神在毕加索面前又一次退缩了，毕加索再次痊愈出院。

为了庆祝毕加索的康复，1972年12月31日，杰奎琳在他们的寓所举行了盛大的舞会。毕加索身穿已经很久没有穿的礼服，由杰奎琳搀扶着参加了晚会，庆祝1973年的到来。

1973年的3月，毕加索又患上了严重的流感，但他却一直没有扔掉画笔，仍然每天不停地画着。

4月7日，毕加索像往日一样，由杰奎琳搀扶着到花园中散步。老园丁知道他最喜三色紫罗兰花，还特意摘了一些送给他。

到了晚上，毕加索的律师安特比来拜访他。毕加索与杰奎琳陪着安特比一起愉快地共进晚餐。

在席间，毕加索的情绪很好，饭后还与他们愉快地喝茶聊天。几个人一直聊到夜里11点多，毕加索说：

"我不能再喝了，我必须要去工作了。"

说完，他就去了楼上的画室，并在那里作画一直到凌晨3点才上床休息。

然而次日，4月8日这天，毕加索早晨醒来后就不能起床了。杰奎琳马上喊来家庭医生，医生先给毕加索打了一支强心剂，随后便打电话给巴黎的一位心脏病专家。

当专家赶到毕加索的寓所时，毕加索已经昏迷不醒了，但嘴里还不时地说出几句话来，像是梦呓一般。

大家都很清楚，毕加索的病情已告危急，他的最后时刻到了。

11时40分，92岁的毕加索与世长辞。

下午3点，法国电视台，紧接着就是世界各国的电视台，都相继向全世界宣布毕加索去世的消息。

4月10日，下起了淅沥沥的小雨，毕加索的遗体被秘密安葬在他生前所居住的古朴、肃穆的沃夫纳尔格堡的庭院当中。

毕加索临终前画的最后一幅画，是一幅《带剑的男人》。画中的男人面部用蜡笔涂成，表情惊恐，眼睛睁得大大的。有人认为，这是一幅毕加索的自画像，因为面部的某些特征的确与毕加索有相似之处。

这应该说是晚年时期的毕加索剖析自己灵魂的作品：一切都被腐蚀了，只剩下一块顽石惊视他度过的这90多个春秋，到头来，他仍然是个桀骜不驯的画家。

毕加索生平与创作年表

1881年10月25日　毕加索诞生于西班牙的马拉加市。

1884年　妹妹洛拉在地震中出世。

1887年　妹妹孔瑟达降临人间。毕加索上学。

1889年　完成第一幅油画作品，是一幅斗牛画。

1891年　举家迁往卡洛纳市。

1895年，妹妹孔瑟达夭亡，毕加索发誓要成为一名画家。9月，随父亲移居巴塞罗那市，并进入巴塞罗那美术学校学习。

1896年　作品《第一次圣餐》在巴塞罗那展览会上标价展出。创作重要作品《科学与仁慈》。

1897年　《科学与仁慈》在马德里全国美展中获好评，并摘取马拉加市省美展的金像奖。秋天，就读于马德里圣费南度皇家学院。冬天，患上猩红热。

1899年　结识萨巴泰，成为终生的好友。

1900年　参与巴塞罗那"四猫"咖啡馆文艺沙龙。秋，同卡萨吉姆斯前往巴黎，结识画商马纳奇。"蓝色时期"开始。

1901年　卡萨吉姆斯失恋自杀，创作了《卡萨吉姆斯的葬礼》。在巴黎富拉尔画廊举办第一次个人画展，没有卖出一幅作品。

1902年　回到巴塞罗那。夏末，第三次前往巴黎。

1903年　创作《老犹太人》《盲人的晚餐》《老吉他手》等作品。

1904年　定居于"洗衣船大楼"。创作《生命》。8月，雨中邂逅费南尔多·奥利维亚。秋天，结识斯坦因姐弟俩。

1906年　作品行情看涨。会见野兽派画家马蒂斯。创作《两姐妹》。

1907年　创作名画《亚威农的少女》，立体主义出现。结识了画商肯惠拉。

1908年　勃拉克画出立体主义作品，受到马蒂斯的嘲笑，立体主义得以命名。

1909年　离开"洗衣船大楼"。在德国首次举办画展。

1911年　美国首次举办毕加索画展。

1912年　与奥利维亚关系破裂，结识伊娃。

1913年　父亲霍塞病逝。

1914年　第一次世界大战爆发。《卖艺人家》以11500法郎高价售出。

1915年　结识诗人戈科多。12月14日，伊娃病逝。

1916年　与戈科多一起在迪亚基列夫芭蕾舞剧团工作。达达主义在苏黎世发端。

1917年　与芭蕾舞演员奥尔佳·柯克洛娃相恋。

1918年　与奥尔佳结婚。

1919年　为芭蕾舞剧"三角帽"设计布幕，大获成功。

1920年　弗洛伊德学说风靡欧洲。

1921年　长子保罗出世。创作了《三个乐师》以及母与子系列画。

1922年　以勃拉克为首的超现实主义集团从达达主义中分裂开来。与奥尔佳出现矛盾。

1925年　《亚威农的少女》问世18年后首次被刊登在《超现实主义革命》上。创作了《三个舞蹈者》。

1926年　创作大型拼贴画《吉他》。

1927年　遇见玛丽·泰莱斯。

1928年　创作了最骇人也是最动人的画作之一《坐在海滨的女人》。

1930年 创作《耶稣受难像》。

1932年 创作《梦》《沉睡的女子》《照镜子的女子》等作品。

1934年 与奥尔佳谈离婚，并为此付出巨大代价。

1935年 泰莱斯生下女儿玛雅。

1936年 西班牙内战爆发，毕加索宣布拥护共和政府。

1937年 创作巨幅《格尔尼卡》。

1938年 《格尔尼卡》在挪威展出。

1939年 母亲病逝。

1941年 写作话剧《被尾巴愚弄的欲望》。

1943年 遇到弗朗索瓦·吉洛。

1944年 巴黎解放。10月，加入法国共产党。

1945年 开始铜版画创作。

1947年 儿子克洛德出生。

1948年 参加波兰华沙举办的"世界和平大会"，分获法国和波兰两国的文艺复兴奖章。

1949年 创作《和平鸽》。女儿帕洛玛出世。

1951年 创作《在朝鲜的屠杀》。参加罗马第四届和平大会。

1952年 创作壁画《战争》与《和平》。

1953年 结识杰奎琳·洛克。

1954年 好友马蒂斯去世。创作《阿尔及尔的妇女》。

1955年 著名导演克洛拍摄电影《神秘的毕加索》。

1956年 与中国著名画家张大千会晤。

1961年 与杰奎琳结婚。10月，庆祝80岁寿辰。

1963年 巴塞罗那的毕加索美术馆开幕，萨巴泰任名誉馆长。勃拉克、戈科多相继去世。

1964年 患病，住进"美国医院"做手术。

1966年　法国政府为他举行了盛大的85岁生日庆典，卢浮宫展出毕加索的作品。

1969年　创作了大量的画作和陶瓷雕塑。

1971年　庆祝90岁大寿，法国总统蓬皮杜主持毕加索画展开幕式。

1973年　4月8日11时40分，病逝。4月10日，秘密葬于沃夫纳尔格堡的庭院当中。